中华人民共和国行业推荐性标准

公路工程混凝土结构防腐蚀技术规范

Specification for Deterioration Prevention of Highway Concrete Structures

JTG/T B07-01—2006

主编单位：长沙理工大学
　　　　　清华大学
批准部门：中华人民共和国交通部
实施日期：2006 年 09 月 01 日

人民交通出版社股份有限公司

图书在版编目(CIP)数据

公路工程混凝土结构防腐蚀技术规范：JTG/T B07-01—2006／长沙理工大学，清华大学主编. —北京：人民交通出版社股份有限公司，2017.1
ISBN 978-7-114-13592-7

Ⅰ.①公… Ⅱ.①长… ②清… Ⅲ.①道路工程—混凝土结构—防腐—技术规范 Ⅳ.①U414.1-65

中国版本图书馆CIP数据核字（2017）第000353号

标准类型：中华人民共和国行业推荐性标准
标准名称：公路工程混凝土结构防腐蚀技术规范
标准编号：JTG/T B07-01—2006
主编单位：长沙理工大学　清华大学
责任编辑：李　农
出版发行：人民交通出版社股份有限公司
地　　址：（100011）北京市朝阳区安定门外外馆斜街3号
网　　址：http://www.ccpress.com.cn
销售电话：（010）59757973
总 经 销：人民交通出版社股份有限公司发行部
经　　销：各地新华书店
印　　刷：北京市密东印刷有限公司
开　　本：880×1230　1/16
印　　张：4
字　　数：75千
版　　次：2017年1月　第1版
印　　次：2019年5月　第3次印刷
书　　号：ISBN 978-7-114-13592-7
定　　价：30.00元

（有印刷、装订质量问题的图书，由本公司负责调换）

中华人民共和国交通部

公 告

2006 年第 12 号

关于公布《公路工程混凝土结构防腐蚀技术规范》（JTG/T B07-01—2006）的公告

现公布《公路工程混凝土结构防腐蚀技术规范》（JTG/T B07-01—2006），自 2006 年 9 月 1 日起施行，作为公路工程行业推荐性标准，在公路行业内自愿采用。

该规范由长沙理工大学与清华大学主编。日常解释和管理工作由长沙理工大学负责。请各有关单位在实践中注意积累资料，总结经验，及时将发现的问题和修改意见函告长沙理工大学（长沙市赤岭路 45 号，邮政编码：410076，联系电话：0731—5219011），以便修订时参考。

特此公告。

中华人民共和国交通部
二〇〇六年四月三十日

前 言

在我国过去颁布的公路工程混凝土结构技术标准中，对于工程耐久性和使用年限的要求较低，为满足新时期基础设施工程建设和可持续发展的需要，编制《公路工程混凝土结构防腐蚀技术规范》作为混凝土结构设计和施工规范的一个补充。

本规范根据交通部公路发〔2000〕722号《关于下达2000年度公路工程标准、规范、定额等编制和修订工作计划的通知》，由长沙理工大学（原长沙交通学院）、清华大学土木系作为主编单位，中交公路规划设计院、国家工业建筑诊断与改造工程技术研究中心、广东虎门大桥管理有限公司作为参编单位，并约请有关专家组成了编制组，在交通部公路司的直接领导下，于2001年1月开始编制。

本规范在编制过程中，对国内公路工程混凝土结构的现状进行了广泛地调查研究，参考、分析了发达国家有关混凝土结构耐久性的技术标准，吸收了国内外有关混凝土和混凝土结构耐久性研究的最新成果，开展了专题研究，并曾先后举办了两次学术研讨会以及从编制大纲、征求意见稿到送审稿的3次审查会，于2005年底完成报批稿。

在使用过程中，如对本规范有意见和建议，请与主编单位联系。

主 编 单 位：长沙理工大学(410076　湖南长沙,E-mail:wang54567@yahoo.com.cn)
　　　　　　　清华大学(100084　北京,E-mail:jiegou@tsinghua.edu.cn)
参 编 单 位：中交公路规划设计院
　　　　　　　国家工业建筑诊断与改造工程技术研究中心
　　　　　　　广东虎门大桥管理有限公司
参与起草人：长沙理工大学　张起森、王卉、陈浩军、姚佳良、王辉、文双武
　　　　　　　清　华　大　学　陈肇元、覃维祖、廉慧珍、李克非
其他参与人员：洪定海、鲍卫刚、陈蔚凡、郝挺宇、干伟忠、陈旭东、惠云玲

目　次

1 总则 ………………………………………………………………………………………… 1
2 术语 ………………………………………………………………………………………… 2
3 基本规定 …………………………………………………………………………………… 4
4 设计要求 …………………………………………………………………………………… 7
　4.1 设计文件内容 ………………………………………………………………………… 7
　4.2 混凝土材料 …………………………………………………………………………… 7
　4.3 结构构造和裂缝宽度限制 …………………………………………………………… 10
5 施工要求 …………………………………………………………………………………… 13
　5.1 混凝土的原材料选择 ………………………………………………………………… 13
　5.2 混凝土的施工要求 …………………………………………………………………… 15
　5.3 质量检验与验收 ……………………………………………………………………… 17
6 附加防腐蚀措施 …………………………………………………………………………… 19
　6.1 混凝土表面涂层 ……………………………………………………………………… 19
　6.2 混凝土表面憎水处理 ………………………………………………………………… 20
　6.3 水泥基渗透结晶型防水剂 …………………………………………………………… 20
　6.4 环氧涂层钢筋 ………………………………………………………………………… 21
　6.5 钢筋阻锈剂 …………………………………………………………………………… 21
　6.6 混凝土防腐面层 ……………………………………………………………………… 22
　6.7 透水模板衬里 ………………………………………………………………………… 22
　6.8 电化学保护 …………………………………………………………………………… 22
附录 A　混凝土氯离子扩散系数快速测定的 RCM 方法 …………………………………… 23
附录 B　混凝土表面涂层的施工和管理 …………………………………………………… 29
附录 C　混凝土表面涂层试验方法 ………………………………………………………… 31
附录 D　混凝土表面憎水处理的检测方法 ………………………………………………… 35
本规范用词说明 ……………………………………………………………………………… 36
附件　《公路工程混凝土结构防腐蚀技术规范》(JTG/T B07-01—2006)条文说明 ……… 37
　1 总则 ……………………………………………………………………………………… 39
　3 基本规定 ………………………………………………………………………………… 41
　4 设计要求 ………………………………………………………………………………… 44
　5 施工要求 ………………………………………………………………………………… 48
　6 附加防腐蚀措施 ………………………………………………………………………… 51

1 总　则

1.0.1 为提高公路混凝土结构防腐蚀耐久性,保证工程质量,特制定本规范。

1.0.2 本规范适用于普通混凝土建造的公路桥梁、隧道、涵洞、支挡构筑物等工程结构。

1.0.3 本规范仅考虑常见的环境因素对混凝土结构的腐蚀作用,包括结构使用过程中受水分、冰冻、空气及其污染物(盐雾、二氧化硫、超常浓度二氧化碳、汽车尾气)等大气作用。所接触的土体与水体中含有氯盐、硫酸盐、碳酸等物质的化学与物理作用,以及除冰盐对寒冷地区公路混凝土结构的腐蚀作用。本规范不涉及疲劳荷载、振动和磨损等力学作用对混凝土耐久性的影响,也不涉及生物作用、辐射作用以及电磁作用。

1.0.4 公路混凝土结构的防腐蚀耐久性设计和施工,除本规范已作出的规定以外,尚应符合现行的国家标准和交通行业标准中的有关规定。

1.0.5 本规范所规定的仅为基本要求,设计人员应结合工程及其所处环境的特点,必要时提出更为具体的要求。

2 术 语

2.0.1 结构耐久性 durability of structure
结构在预期作用和预定的维护条件下,能在规定期限内长期维持其设计性能要求的能力。

2.0.2 腐蚀 deterioration
材料与环境因素发生物理、化学或电化学作用而呈现的渐进性损伤与破坏。对钢材常称锈蚀(corrosion)。

2.0.3 使用年限 service life
结构建造完成后,所有性能均能满足设计要求的实际期限。

2.0.4 设计基准期 design reference period
在进行结构可靠性分析时,考虑持久设计状况下各项基本变量与时间关系所采用的基准时间参数[参见《公路桥涵设计通用规范》(JTG D60—2004)]。

2.0.5 环境作用 environmental attack
能引起结构材料性能劣化或腐蚀的环境因素如温度、湿度及各种有害物质等施加于结构上的作用。

2.0.6 劣化 degradation
材料性能逐渐降低的行为。

2.0.7 劣化模型 degradation model
描述劣化过程的数学表达式,可用于结构使用年限的预测。

2.0.8 维护 maintenance
在结构使用年限内,为维持其正常使用功能而采取的各种技术和管理活动。

2.0.9 水胶比 water to binder ratio
混凝土的用水量与胶凝材料(水泥和矿物掺和料)总量之比(质量比)。

2.0.10 氯离子在混凝土中的扩散系数　chloride diffusion coefficient in concrete

表示氯离子在混凝土中扩散性的一个参数。氯离子在混凝土中的扩散是氯离子借混凝土中毛细孔孔壁吸附水从高浓度区向低浓度区的迁移。因为氯离子可以同时通过扩散、渗透和吸附等不同机理侵入混凝土内部,并在传输过程中可能有部分氯离子与胶凝材料及其水化产物相结合,所以通过试验和计算得到的扩散系数,有时在一定程度上也包含了其他传输机理与被结合等因素的影响。

2.0.11　大掺量矿物掺和料混凝土　high-volume mineral admixture concrete

本规范中所指的大掺量矿物掺和料混凝土,是指混凝土胶凝材料总量中单掺粉煤灰量≥30%,单掺磨细粒化高炉矿渣(简称矿渣)量≥50%,或各种矿物掺和料掺量之和≥50%。

2.0.12　附加防腐蚀措施　additional corrosion prevention measures

在改善混凝土密实性和增加保护层厚度等常规手段提高混凝土结构耐久性的基础上所采取的防腐蚀措施,如使用环氧涂层钢筋、钢筋阻锈剂、混凝土表面涂层、混凝土防腐面层和阴极保护等。

2.0.13　饱水度　degree of saturation

混凝土内部孔隙的充水程度,为混凝土孔隙中水的总体积与孔的总体积的比值。混凝土的抗冻性能与其饱水度紧密相关。本规范将饱水度定性地分为中度饱水和重度饱水,作为冻融环境下划分环境作用等级的依据之一。

3 基本规定

3.0.1 公路混凝土结构的防腐蚀耐久性,应根据结构的不同设计基准期、不同的使用环境类别及其作用等级进行设计。当同一结构中的不同构件和同一构件中的不同部位所处的局部环境有异时,应予以区别对待(如取不同的保护层厚度)。混凝土结构防腐蚀的耐久性设计应保证结构在其长期使用年限内的适用性、可修复性与安全性的需要,必须提出使用过程中的维修与检测的要求。

3.0.2 公路混凝土结构的设计基准期宜按表3.0.2的分级选取。当结构的使用年限预期会因服务功能的快速变化而提前终结,或受到技术上的制约而不再经济时,经技术经济论证并得到批准,可按较低等级的设计基准期进行设计,但不应低于二级。

表3.0.2 结构的设计基准期

级 别	名 称	举 例	设计基准期
一	重要基础设施工程	特大型桥涵、隧道,立交桥枢纽,二级以上(含二级)公路和城市一般道路上的桥涵等	100年
二	一般基础设施工程	三级公路上的大型桥涵,其他等级公路上的桥涵,其他基础设施工程	50年

注:公路或桥梁上的挡墙和防撞护拦、护墙等部件的设计基准期,原则上宜与主体结构相同。

3.0.3 当技术条件不能保证结构的所有构件在环境作用下均能达到结构的整体设计基准期时,或从经济等角度考虑认为有必要时,则在业主认可的前提下,个别构件的设计基准期可低于结构的整体设计基准期并作定期修复或更换。列为定期修复或更换的结构构件,在其施工过程中应不致严重干扰结构的正常使用。

3.0.4 环境作用按其对钢筋混凝土结构腐蚀作用的严重程度分为6级(表3.0.4-1)。不同环境类别及其作用等级列于表3.0.4-2和表3.0.4-3。当结构同时受到表3.0.4-3中多项化学腐蚀因素的作用时,则以其中单项作用最高的环境作用等级作为化学腐蚀环境下的设计依据;如同时有两个或两个以上化学因素的作用等级均达到相同的最高等级,一般应再提高一级作为化学腐蚀环境下的设计依据。

表3.0.4-1 环境作用等级

级 别	腐蚀程度	级 别	腐蚀程度
A	可忽略	D	严重
B	轻度	E	很严重
C	中度	F	极端严重

表 3.0.4-2 环境分类及作用等级

环境类别	环境条件		作用等级⑦	示 例
一般环境（无冻融、盐、酸、碱等作用）	永久湿润环境		A	永久处于静止水中的构件
	非永久湿润和干湿交替的室外环境		B	不受雨淋或渗漏水作用的桥梁构件，埋于土中、温湿度相对稳定的基础构件
	干湿交替环境①		C	表面频繁淋雨、结露或频繁与水接触的干湿交替构件，处于水位变动区的构件，靠近地表、湿度受地下水位影响的构件
一般冻融环境③（无盐、酸、碱等作用）	微冻地区，混凝土中度水饱和④		C②	受雨淋构件的竖向表面
	微冻地区，混凝土高度水饱和④		D②	水位变动区的构件，频繁淋雨的构件水平表面
	严寒和寒冷地区③，混凝土中度水饱和④		D②	受雨淋构件的竖向表面
	严寒和寒冷地区③，混凝土高度水饱和④		E②	水位变动区的构件，频繁淋雨的构件水平表面
除冰盐（氯盐）环境	混凝土中度水饱和（偶受除冰盐轻度作用时按 D 级）		E	受除冰盐溅射的构件竖向表面
	混凝土高度水饱和④		F	直接接触除冰盐的构件水平表面
近海或海洋环境⑤	大气区	轻度盐雾区 离平均水位 15m 以上的海上大气区，离涨潮岸线 100～200m 内的陆上环境	D	靠海的陆上结构，桥梁上部结构
		重度盐雾区 离平均水位 15m 以下的海上大气区，离涨潮岸线 100m 内的陆上环境	E	
	土中区		D	近海土中或海底的桥墩基础
	水下区		D	长期浸没于水中的桥墩、桩
	潮汐区和浪溅区，非炎热地区⑥		E	平均低潮位以下 1m 上方的水位变动区与受浪溅的桥墩、承台等构件
	潮汐区和浪溅区，南方炎热地区		F	
盐结晶环境	日温差小、有干湿交替作用的盐土环境（含盐量较低时按 D 级）		E	与含盐土壤接触的墩柱等构件露出地面以上的"吸附区"
	日温差大、干湿交替作用频繁的高含盐量盐土环境		F	
大气污染环境	汽车或其他机车废气		C	受废气直射的构件，处于有限封闭空间内受废气作用的车库、隧道等
	酸雨（酸雨 pH＜4 时按 E 级）		D	受酸雨频繁作用的混凝土构件
	盐土地区含盐分的大气及雨水作用		D	盐土地区受雨淋的露天构件

续上表

环 境 类 别	环境条件	作用等级[7]	示　例
土中及地表、地下水中的化学腐蚀环境(海水环境除外)	见表3.0.4-3		与含有腐蚀性的化学介质如硫酸盐、镁盐、碳酸、氯盐等土体、地下水、地表水接触的结构构件

注：① 表中环境条件系指配筋混凝土结构钢筋保护层一侧混凝土表面所接触的局部环境，对素混凝土则为结构表面的局部环境。一侧干燥而另一侧潮湿或饱水的配筋混凝土构件，其干燥一侧通常应按表中的干湿交替环境考虑，如接触海水时则应按 E 级考虑。部分处于含盐的水土环境而另一部分又处于干燥环境中的构件，尚应按盐结晶环境考虑。
② 冻融环境下，对于引气混凝土可按表中的作用等级降低一个等级考虑。
③ 冻融环境按当地最冷月平均气温划分为严寒地区、寒冷地区和微冻地区，其最冷月平均气温分别为 < -8℃，-8℃~-3℃，>-3℃~2.5℃。
④ 高度水饱和指冰冻前长期或频繁接触水或潮湿土体，混凝土内高度水饱和；中度水饱和指冰冻前偶受雨水或潮湿，混凝土内水饱和程度不高。
⑤ 海洋环境中的水下区、潮汐区、浪溅区和大气区的划分，按《海港工程混凝土结构防腐蚀技术规范》(JTJ 275—2000)规定执行。
⑥ 对可能遭受冻融作用的海水水位变动区及浪溅区混凝土应按抗冻的引气混凝土设计。
⑦ 表中所列作用等级适用于钢筋混凝土构件。对于素混凝土构件，其在海水和近海环境中的作用等级可比钢筋混凝土构件低一或二个等级取用，但不小于 C 级。

表 3.0.4-3　化学腐蚀环境分类及作用等级

腐蚀作用级别		C	D	E
水中 SO_4^{2-} (mg/L)		≥200, <1 000	≥1 000, <4 000	≥4 000, <10 000
土中 SO_4^{2-} 总量(mg/kg)	强透水土层	≥300, <1 500	≥1 500, <6 000	≥6 000, <15 000
	弱透水土层	≥1 500, <5 000	≥5 000, <15 000	≥15 000, <50 000
水中 Mg^{2+} (mg/L)		≥300, <1 000	≥1 000, <3 000	≥3 000, <4 500
水的 pH 值	水或强透水土层中	≥5.5, <6.5	≥4.5, <5.5	≥4.0, <4.5
	弱透水土层中	≥4.5, <5.5	≥4.0, <4.5	≥3.5, <4.0
水中 CO_2 (mg/L)	水或强透水土层中	≥15, <30	≥30, <60	≥60, <100
	弱透水土层中	≥30, <60	≥60, <100	≥100

注：1. 水中及强透水土层中的硫酸盐和镁盐环境，如无干湿交替，表中数据可乘系数 1.5。
2. 含氯盐咸水中不再单独考虑镁离子的侵蚀作用。
3. 硫酸盐作用等级或 CO_2 作用等级为 D 和 D 级以上的构件，如处于流动地下水中，应考虑在构件的混凝土表面设置防腐面层或涂层的需要。
4. 高压水头可加重硫酸盐化学腐蚀。
5. 地表或地下水中的氯离子对钢筋混凝土构件的作用等级如下：氯离子浓度(mg/L) ≥100 且 <500 时，可按 C 级；≥500 且 <5 000 时可按 D 级；≥5 000 时可按 E 级。以上适用于受干湿交替的情况，如永久处于水下，可按降低一级考虑。

3.0.5 当结构及其构件在使用过程中可能遭受表 3.0.4-2 所列的多种环境类别作用时，应能分别满足这些环境类别各自作用下的要求。

4 设计要求

4.1 设计文件内容

公路工程混凝土结构防腐蚀的耐久性设计文件宜包括以下内容：

(1)结构使用环境与环境作用等级，以及周边既有工程受环境腐蚀作用劣化的调查与说明。

(2)结构的设计基准期与结构在设计基准期内需要更换或修复的部件名称及预期的更换或修复年限。

(3)根据不同设计基准期、使用环境类别和环境作用等级，提出基于耐久性所需的混凝土最低强度等级、最大水胶比和对混凝土胶凝材料等原材料选用的要求，确定是否需要采用引气混凝土，必要时提出混凝土耐久性参数的指标，如氯离子在混凝土中的扩散系数、抗冻性等级、最小含气量、气泡间距系数等。

环境严重作用下的重要工程，应由设计工程师会同材料工程师共同拟定耐久混凝土的技术要求。对于一般工程，也可仅提出混凝土的强度等级(应能同时满足承载力和耐久性需要，但在严重环境作用下，混凝土所需的强度等级往往取决于耐久性而非承载力)，要求施工单位根据设计规定的结构使用年限与使用环境类别及其作用等级，参照本规范的有关要求，选用混凝土的原材料、水胶比等技术要求。

(4)根据不同设计基准期、使用环境类别和环境作用等级，对结构构件的防排水以及钢筋的混凝土保护层厚度等结构构造与混凝土裂缝控制提出具体规定与要求。

(5)向施工单位提出与耐久性有关的施工质量要求与合格验收标准，主要有混凝土的养护要求与表层混凝土的密实性，钢筋的混凝土保护层厚度及其施工允许误差等。

(6)对于设计基准期不低于100年的重要结构物或处于环境严重作用(D、E和F级)下的结构，向工程的业主和运营管理单位提出使用过程中需要进行的定期维修与检测项目。为便于使用过程中的维修、检测和构件替换，设计时应为施工、检测人员和设备的进入设置通道，并为施工、操作及临时安装机具预留必要的空间和埋设件。

(7)对于重要工程中受环境严重作用(D、E和F级)的结构部位，应考虑是否需要采取附加防腐蚀措施。

4.2 混凝土材料

4.2.1 配有钢筋的混凝土，其最低强度等级、最大水胶比和单方混凝土中的胶凝材料最小用量应满足表4.2.1的规定,且所采用的胶凝材料(水泥与矿物掺和料)种类与用量应根据不同的环境类别满足4.2.2~4.2.7条的有关规定。不同强度等级混凝土的胶凝材料总量要求如下:C40以下不宜大于400kg/m³;C40~C50不宜大于450kg/m³;C60及以上不宜大于500kg/m³(非泵送混凝土)和530kg/m³(泵送混凝土)。

表4.2.1 耐久性设计要求混凝土的最低强度等级、最大水胶比和胶凝材料最小用量(kg/m³)

设计基准期 环境作用等级	100年			50年		
	最低强度等级	最大水胶比	最小胶凝材料用量	最低强度等级	最大水胶比	最小胶凝材料用量
A	C30	0.55	280	C25	0.60	260
B	C35	0.50	300	C30	0.55	280
C	C40	0.45	320	C35	0.50	300
D	C45	0.40	340	C40	0.45	320
E	C50	0.36	360	C45	0.40	340
F	C50	0.32	380	C50	0.36	360

注:1. 大掺量矿物掺和料混凝土的水胶比应不大于0.42。
2. 大截面配筋墩柱如能提高钢筋的混凝土保护层厚度,则在无氯盐的一般环境下(C级或C级以下),所采用的混凝土强度等级可低于表中的最低要求,但两者差值应不大于10MPa且不应低于对素混凝土强度的要求。当采用的混凝土强度等级比表中规定的低5MPa时,相应的保护层厚度应比表4.3.7中规定值增加5~10mm;当采用的混凝土强度等级比表中规定的低10MPa时,相应的保护层厚度应增加10~15mm。

4.2.2 一般环境下除长期处于湿润环境、水中环境或潮湿土中环境的构件可以采用大掺量粉煤灰(掺量可不大于50%,而水胶比应随掺量增加而减小)混凝土外,对暴露于空气中的一般构件混凝土,粉煤灰掺量不宜大于20%,且单方混凝土胶凝材料中的硅酸盐水泥用量不宜小于240kg。

4.2.3 冻融环境下环境作用等级为D或D级以上的混凝土必须掺用引气剂。对引气混凝土的最低强度等级、最大水胶比和胶凝材料最小用量,可按表3.0.2中规定的环境作用等级降低一个等级取用(即环境作用为D或C级时可分别取用C或B级下的强度等级要求)。冻融环境作用等级为C的混凝土可不加引气剂,但此时的混凝土强度应不低于C40。冻融环境下混凝土胶凝材料中的粉煤灰掺量不宜超过30%,并应限制所用粉煤灰的含碳量(宜不大于2%)。

4.2.4 混凝土的抗冻性(抗冻耐久性指数DF)应不低于表4.2.4所示的数值。对于厚度小于150mm的薄壁构件,表中的DF数值应再增加5(%)。

表 4.2.4 混凝土抗冻性的耐久性指数 DF(%)

设计基准期	100 年			50 年		
环境条件	高度水饱和	中度水饱和	盐冻	高度水饱和	中度水饱和	盐冻
严寒地区	80	70	85	70	60	80
寒冷地区	70	60	80	60	50	70
微冻地区	60	60	70	50	45	60

注：1. 耐久性指数 DF 为 300 次快速冻融循环后的动弹性模量与初始值的比值。如在 300 次冻融循环以前，试件的动弹性模量已降到初始值的 60% 以下或重量损失已超过 5%，则以此时的循环次数 N 计算 DF 值，并取 DF = $(N/300) \times 0.6$。快速冻融循环试验方法可参照水工混凝土试验标准，试件自现场或模拟现场混凝土构件中取样，如在试验室制作，试件的养护温度及龄期需按实际工程情况选定。对于氯盐或化学腐蚀环境，试验时用于浸泡试件的水，需用与实际工程环境中相同成分和浓度的水。

2. 高度水饱和指冰冻前长期或频繁接触水或潮湿土体，混凝土内高度水饱和；中度水饱和指冰冻前偶受雨水或潮湿，混凝土内饱水程度不高；盐冻腐蚀系指接触除冰盐、海水或其他化学物质时受冻。

4.2.5 引气混凝土的适宜含气量可参考表 4.2.5 的要求。

表 4.2.5 混凝土适宜含气量(%)(允许误差 ±1)

集料最大粒径(mm)	冻融环境 含气量（%）		
	高度水饱和环境	中度水饱和环境	盐冻环境
10	7.0	5.5	7.0
15	6.5	5.0	6.5
25	6.0	4.5	6.0
40	5.5	4.0	5.5

注：1. 表中所列含气量为在现场新拌混凝土取样测得的平均值。在施工前，应参考表 4.2.5 的要求，对拟用混凝土做抗冻性(快冻法)与含气量的对比试验。混凝土的抗冻性应符合表 4.2.4 中的要求。采用对比试验确定的含气量以及试验用的原材料及水胶比等混凝土工艺参数，进行施工方案编制和质量控制。

2. 在试验室条件下进行新拌混凝土试样的含气量测试时，不论混凝土的坍落度大小，测试前均应在标准振动台上振动不小于 20s 的时间。对于现场泵送和高频振捣的混凝土，应检测试验泵送和振捣过程造成的含气量损失，以判断所用引气剂品种的适用性。

3. 在盐冻、高度水饱和及中度水饱和条件下，气泡间距系数不宜大于 $200\mu m$、$250\mu m$ 及 $300\mu m$。气泡间距系数为在现场钻芯取样或模拟现场的硬化混凝土中取样测得的数值。测定方法可参照有关标准。

4.2.6 在海水和除冰盐等氯盐环境下，不宜单独采用硅酸盐或普通硅酸盐水泥作为胶凝材料配制混凝土，应掺加大掺量或较大掺量矿物掺和料，并宜加入少量的硅灰。海水环境下也不宜单独采用抗硫酸盐的硅酸盐水泥配制混凝土。

4.2.7 用于氯盐腐蚀环境中的钢筋混凝土构件，其混凝土 28d 龄期的氯离子扩散系数 D_{RCM} 值，宜符合表 4.2.7 的要求。

表 4.2.7 混凝土中的氯离子扩散系数 D_{RCM}（28d 龄期，$10^{-12} m^2/s$）

结构设计基准期	环境作用等级 D	E 以上
100 年	< 7	< 4
50 年	< 10	< 6

注：1. 表中的 D_{RCM} 值，是标准养护条件下 28d 龄期混凝土试件的测定值，仅适用于氯盐环境下建议采用的较大掺量和大掺量矿物掺和料的混凝土。对于其他组分的混凝土以及更长龄期的混凝土，应采用更低的 D_{RCM} 值作为抗氯离子侵入性能的评定依据。
2. 扩散系数 D_{RCM} 的测试方法见附录 A。

4.2.8 硫酸盐等化学腐蚀环境下应选用低 C_3A 量的水泥并适当掺加矿物掺和料，严重化学腐蚀环境下的耐久混凝土宜通过专门的试验研究确定。

4.3 结构构造和裂缝宽度限制

4.3.1 结构的形状和布置应有利于通风和避免水汽在混凝土表面的积聚，便于施工时混凝土的捣固、养护，并减少约束与荷载作用下的应力集中。处于严重环境作用下的结构构件，其外形应力求简单，尽量减少暴露的表面积和棱角（在可能条件下宜做成圆角）。

4.3.2 施工缝、伸缩缝等连接缝的位置和构造应仔细设计。结构的连接缝位置宜避开不利的环境作用部位（如桥墩中的浪溅区和水位变动区）。对于可能遭受氯盐腐蚀的环境，宜对连接缝部位的混凝土采取附加防腐蚀措施。

4.3.3 混凝土结构构件的表面形状应有利于排水，对于可能受雨淋或积水的水平表面应做成斜面。桥梁墩台的顶面应设置成向边缘倾斜不小于 5% 的斜坡，或向中心倾斜并在中心处设置内埋的排水管。桥面排水应通过专门设置的管道（非钢质的塑料管等）排出，不得将结构构件的混凝土表面直接作为排水通道。排水管的出口不得紧贴混凝土构件表面，应离开混凝土墩柱或其他构件表面一定距离。

4.3.4 桥梁构件的设计应考虑各种连接部位的水渗漏所造成的局部环境作用，并按表 3.0.4-2 进行分类分级设计。桥面侧边构件的外缘底面应设滴水槽，防止雨水从构件外侧面流向底面。除冰盐环境下可能受氯盐侵蚀的桥梁结构必须设置滴水槽，并严禁排水管道的出口靠近混凝土结构构件表面。对于桥梁预应力构件，应采取构造措施，防止雨水或渗漏水流过锚固封堵端的外表面。

4.3.5 桥面铺装层与桥面结构之间，应设置可靠的防水层。

4.3.6 对于可能处于高度水饱和状态并遭受冻融、硫酸盐、碳酸等侵蚀的薄壁混凝土构件,应适当增加混凝土或混凝土保护层的厚度。

4.3.7 用于构件强度计算和标注于施工图上的钢筋(包括主筋、箍筋和分布筋)保护层厚度(钢筋外缘至混凝土表面的距离),一般不应小于表 4.3.7 中的保护层最小厚度 c_{min} 与保护层厚度的施工允许误差 Δ 之和,即:

$$c \geqslant c_{min} + \Delta \tag{4.3.7}$$

式中的施工允许误差 Δ 根据施工验收要求的严格程度而定,对现浇混凝土构件一般可取 10mm;如有专门的施工质量控制和检验制度,能够严格保证表层混凝土的养护质量和混凝土保护层的厚度时可为 5mm;对工厂生产的预制构件可取 0~5mm。

表 4.3.7 混凝土保护层最小厚度 c_{min}(mm)

环境作用等级		B	C	D	E	F
板、墙等平面形构件	设计基准期不低于 50 年	20	30	40	45	50
	设计基准期不低于 100 年	30	40	45	50	55
柱等条形构件	设计基准期不低于 50 年	30	35	45	50	55
	设计基准期不低于 100 年	35	45	50	55	60

注:1. 表中的混凝土保护层厚度与表 4.2.1 的混凝土最低质量要求和 4.2 节中对不同环境类别下混凝土胶凝材料的选用范围相应。如实际采用的混凝土水胶比低于表 4.2.1 中的数值(按表 4.2.1 中水胶比数值的相应级差衡量),且水胶比不大于 0.45,或实际采用的混凝土强度比表 4.2.1 中的最低值高 10MPa 时,则保护层的最小厚度可比表中数值适当减小,但减小的厚度一般不宜超过 5mm。
2. 表中的保护层最小厚度值如小于所保护钢筋的直径,则取 c_{min} 与钢筋直径相同。
3. 引气混凝土的保护层厚度可按表 3.0.4-2 规定的环境作用等级降低一个等级取用。
4. 直接接触土体浇筑的混凝土保护层厚度应不小于 70mm。
5. 受风沙磨蚀,或处于流动水中,或同时受水中泥沙冲击侵蚀的构件保护层厚度应适量增加 10~20mm。特殊磨蚀环境下应通过专门研究确定。
6. 如有可靠的附加防腐蚀措施并通过专门的论证,保护层厚度可适当降低。
7. 对于硫酸盐化学腐蚀环境,如无干湿交替,保护层最小厚度可取:板 35mm,梁柱 40mm。

处于 C 级和 C 级以上环境作用下的结构构件,其最外层箍筋或分布筋的保护层厚度必须计入施工允许误差。

钢筋的混凝土保护层最小厚度,尚应满足有关规范规定的关于与混凝土集料最大粒径相匹配的最低要求。

4.3.8 预应力钢筋的混凝土保护层厚度,一般不应小于预应力钢筋保护层最小厚度 c_{min} 与保护层厚度施工允许误差 Δ 之和。后张预应力钢筋的保护层厚度为孔道管(或护套)外缘至混凝土表面的距离。当预应力钢筋的孔道管或护套具有可靠的密封和防锈性能时,保护层最小厚度 c_{min} 取值可与普通钢筋的混凝土保护层最小厚度(见表 4.3.7)相同,否则应比表 4.3.7 中规定的数值增加 10mm。先张预应力钢筋的保护层最小厚度 c_{min}

应比普通钢筋的混凝土保护层最小厚度大 10mm。预应力钢筋保护层厚度的施工允许误差 Δ，可取与普通钢筋的相同（见第 4.3.7 条）。

4.3.9 当环境作用等级为 C 或 C 级以上时，后张有粘结预应力筋应采用全长连续密封的高密度塑料波纹管作为孔道管（导管），并应用真空压浆技术。预应力筋的锚固端应有可靠的防锈措施，封端混凝土应具良好的抗裂性，水胶比不大于 0.4；金属锚具的混凝土保护层厚度一般不小于 6cm，在盐类腐蚀环境下应不小于 9cm 并加塑料密封罩。

4.3.10 混凝土表面裂缝的计算宽度，不宜超过表 4.3.10 所示的允许值。

表 4.3.10 混凝土表面裂缝计算宽度的允许值

环境作用等级		钢筋混凝土（mm）	有粘结预应力混凝土（mm）
一般环境，非干湿交替		0.3	0.2
一般环境，干湿交替		0.25	0.1
冻融、氯盐及化学腐蚀环境	D 级	0.2	按部分预应力 A 类构件控制
	E 级	0.15	按全预应力类构件控制
	F 级	0.1	按全预应力类构件控制

注：有自防水要求的混凝土横向弯曲裂缝，表面裂缝的宽度不宜超过 0.25mm。

4.3.11 普通钢筋应优先选用 HRB335 级和 HRB400 级钢筋。受力钢筋最小直径应不小于 12mm；当构件处于可能遭受严重锈蚀的环境时，受力钢筋的最小直径应不小于 16mm。

4.3.12 当构件有防水要求需严格控制裂缝宽度时，构件每侧暴露面上的分布钢筋配筋率（单位长度内一侧分布钢筋面积与 $0.5h$ 之比，其中 h 为构件厚度。当 h 大于 500mm 时按 500mm 计算）不宜低于 0.6%（HPB235 级钢筋）或 0.4%（HRB335 级和 HRB400 级钢筋）；此外，分布钢筋间距不宜大于 150mm。

4.3.13 对于严重锈蚀环境下的构件，浇筑在混凝土中并部分暴露在外的吊环、紧固件、连接件等铁件应与混凝土构件中的钢筋隔离。

5 施工要求

5.1 混凝土的原材料选择

5.1.1 配制耐久混凝土一般应选用品质稳定的硅酸盐水泥或普通硅酸盐水泥。除必须符合现行水泥国家标准外，对于环境严重作用（D、E、F级）下的混凝土，宜采用硅酸盐水泥或低热水泥，否则应详细了解或检测水泥生产中加入的矿物混合材料的品种、掺量和质量，与配制混凝土时掺入的矿物掺和料一并计算所占胶凝材料总量的百分比，并应符合第4章内对于不同环境类别下胶凝材料中掺和料用量的限制要求。

5.1.2 在严重腐蚀环境作用（D、E、F级）下，水泥中的 C_3A 含量不宜超过 8%（对海水环境，可到 10%），水泥细度（比表面积）不宜超过 $350m^2/kg$，游离氧化钙不宜超过 1.5%。宜采用 C_2S 含量较高而水化热较低的硅酸盐类水泥品种，亦可针对具体环境特点而选用低热微膨胀水泥、硫铝酸盐水泥和铁铝酸盐水泥等特种水泥。

5.1.3 混凝土中的总含碱量一般不宜超过 $3.0kg/m^3$。

5.1.4 对于氯盐腐蚀环境，配制钢筋混凝土和预应力混凝土所用水泥的氯离子含量应尽可能低，并满足 5.1.9 条的规定。

5.1.5 配制耐久混凝土所用的粉煤灰、磨细矿渣、硅灰等矿物掺和料，应保证品质稳定、来料均匀。矿物掺和料的用量与水泥中的粉煤灰、矿渣等混合材料加在一起，在混凝土胶凝材料总量中的比例应符合第4章中对不同环境类别下的要求。最好不用商品复合矿物掺和料，而在配制混凝土时根据工程需要而灵活变动复合的比例。

(1) 粉煤灰

选用通过电收尘、干排放的Ⅰ、Ⅱ级低钙粉煤灰（$CaO \leqslant 10\%$），重点控制其含碳量（以烧失量表示）。

(2) 磨细高炉水淬矿渣

选用磨细高炉矿渣的勃氏比表面积不宜低于 $350m^2/kg$，一般也不宜超过 $450m^2/kg$。

(3) 硅灰

硅灰中二氧化硅的含量宜 $\geqslant 85\%$，勃氏比表面积 $\geqslant 18000m^2/kg$。硅灰掺量一般不超过胶凝材料总重的 8%，且宜与其他矿物掺和料复合使用。

5.1.6 新型胶凝材料原料的使用,必须有可靠的科学试验依据,证明其配制的混凝土耐久性能够满足工程使用的环境条件,并通过技术鉴定。

5.1.7 配制耐久混凝土的集料应满足以下要求:

(1)粗集料质地均匀、粒形(针片状颗粒含量<7%)和级配良好、洁净且坚实(压碎指标不大于10%,吸水率不大于2%),为减少混凝土用水量宜用单粒级石子进行两级配或三级配投料使用。细集料为级配良好的中粗河砂。当缺少河砂资源时,经试配合格,亦可使用符合国家标准的人工砂。

(2)在季节变化或昼夜温差悬殊的环境中使用的混凝土,应选用线胀系数较小的粗集料;处于冻融循环下的重要工程混凝土,应进行集料的坚固性试验和抗冻融试验。集料坚固性试验结果失重率应小于5%(细集料)或10%(粗集料)。

(3)对于可能处于干湿循环、冻融循环下的混凝土,粗、细集料中的含泥量应分别低于0.7%和1%;硫酸盐和硫化物折合SO_3含量均不宜超过胶凝材料重的0.5%。

(4)氯盐锈蚀环境严重作用(D、E、F级)下的混凝土,不宜采用抗渗性较差的岩质(如某些花岗岩、砂岩等)作为粗、细集料。此外,粗集料的最大粒径不宜超过25mm(大体积混凝土除外),且不得超过保护层厚度的2/3。

(5)钢筋混凝土的细集料不得使用未经冲洗的海砂,且冲洗后氯离子含量应合格。预应力混凝土和一级设计基准期要求的重要工程严禁使用海砂。

(6)处于潮湿环境中的混凝土,因条件限制不得不使用有潜在碱活性的集料时,应限制水泥中的含碱量,并掺用大掺量的矿物掺和料(粉煤灰≥40%,矿渣≥50%,火山灰30%)。

5.1.8 配制耐久混凝土选用的化学外加剂应符合如下要求:

(1)选用高效减水剂或复合减水剂,应通过净浆试验检验比较其与工程所用水泥、矿物掺和料以及其他外加剂之间的相容性。高效减水剂中硫酸钠的含量不大于减水剂固体净重的15%。

(2)选用的引气剂或引气型外加剂应有良好的气泡稳定性,符合国家标准(GB 8076)中有关快冻试验检测的要求,并能出示合格数据和在类似的工程施工方法(泵送、振捣等)中成功应用的证明。用于提高混凝土抗冻性的引气剂、减水剂和复合外加剂内,均不得掺有木质磺酸盐组分。

(3)不得采用含有氯盐的防冻剂。在气温不低于-15℃的条件下,应尽量不使用防冻剂而采用蓄热法施工。

5.1.9 混凝土拌和料中因各种原材料(水泥、矿物掺和料、集料、外加剂和拌和水等)引入的水溶氯离子总量,对一般环境下处于潮湿和干湿交替环境条件的钢筋混凝土,应不超过胶凝材料重的0.2%;如不受潮湿,则不超过0.3%。对于海水、除冰盐和其他氯盐环境下的钢筋混凝土,应不超过胶凝材料重的0.1%。预应力混凝土拌和物中的水溶氯离子总量则不应超过胶凝材料重的0.06%。

5.2 混凝土的施工要求

5.2.1 在混凝土施工前,施工单位应按照混凝土结构防腐蚀耐久性设计的要求,制定保证混凝土施工质量的措施与实施细则,根据设计文件提供的环境类别和作用等级、工程设计基准期和对混凝土的技术要求,精心选择原材料,进行混凝土试配,在试验室试验的基础上优选混凝土配合比。重大工程应在现场进行试浇筑。当对设计文件有疑问或疑义时,应主动与设计人员讨论解决。

5.2.2 耐久混凝土的施工质量控制重点有:混凝土的振捣均匀和密实,混凝土的养护,钢筋的混凝土保护层厚度,施工阶段的混凝土裂缝控制。

5.2.3 应仔细规划混凝土结构的施工顺序,以尽量减少新浇混凝土硬化过程中的收缩应力与开裂,如墩、梁、板分段分块浇筑的施工缝间隔、浇筑顺序和设置后浇带等。

5.2.4 浇筑混凝土前,应仔细检查保护层垫块的位置、数量及其紧固程度。构件侧面和底面的垫块应至少为 4 个/m²,绑扎垫块和钢筋的铁丝头不得伸入保护层内。保护层垫块的尺寸应保证混凝土保护层厚度的准确性,其形状(宜为工字形或截头锥形)应有利于钢筋的定位。垫块可用细石混凝土制作,其抗腐蚀能力和强度应高于构件本体混凝土,水胶比不大于 0.4。为保证钢筋定位的准确性,宜采用定位夹或定型生产的纤维砂浆块。

5.2.5 混凝土的搅拌宜采用卧轴式、行星式或逆流式搅拌机,不使用自落式搅拌机或立轴强制式搅拌机。

5.2.6 拌和物的振捣必须做到均匀密实。用插入式振捣变换插点时,应快插后向上缓慢拔出,不得沿拌和物表层平拖。振捣引气混凝土时应使用振频≤6 000 次/min 的中低频振捣棒,并控制振捣时间避免过振。对于可能受除冰盐作用的桥面板等构件,必须防止过振、过度抹面,严禁洒水帮助抹面,并不得在泌水停止前进行抹面。泵送混凝土的坍落度不应过大,以免离析、泌水;当浇筑层的高度较大时,尤其应控制拌和物坍落度。

5.2.7 混凝土的养护包括混凝土的湿度和温度控制。新浇混凝土应及早开始养护,避免水分的蒸发。湿养护不得间断,对不同构件,在不同季节应采取不同的初始(初凝前)湿养护和温控的措施。对于水胶比低于 0.45 的混凝土和大掺量矿物掺和料混凝土,尤其应注意初始保湿养护,避免新浇表面过早暴露在空气中。大掺量矿物掺和料混凝土在结束正常养护后仍宜采取适当措施,能在一段时间内防止混凝土表面快速失水干燥。

5.2.8 钢筋混凝土不得用海水养护。应尽量延长新浇混凝土与海水等氯盐接触前的养护龄期，一般不应短于4周，否则应采取专门的防护措施。对有冻融循环作用的环境，至少应在结冰期到来4周之前完工，否则应采取技术措施，避免冻害发生。

5.2.9 不同组成胶凝材料的混凝土湿养护最低期限宜满足表5.2.9的要求。重要工程的混凝土应有标准养护试件与跟踪养护试件（构件中心和保护层的），分别检测硬化混凝土抗压强度随龄期的发展。大掺量矿物掺和料混凝土结束湿养护时的现场混凝土强度不应低于28d强度的70%。

表5.2.9 不同混凝土湿养护的最低期限

混凝土类型	水胶比	大气湿度 50%＜RH＜75%，无风，无阳光直射		大气湿度 RH≤50%，有风，或阳光直射	
		日平均气温(℃)	湿养护期限(d)	日平均气温(℃)	湿养护期限(d)
胶凝材料中掺有粉煤灰（＞15%）或矿渣（＞30%）	≥0.45	5	14	5	21
		10	10	10	14
		≥20	7	≥20	7
	≤0.45	5	10	5	14
		10	7	10	10
		≥20	5	≥20	7
胶凝材料主要为硅酸盐或普通硅酸盐水泥	≥0.45	5	10	5	14
		10	7	10	10
		≥20	5	≥20	7
	≤0.45	5	7	5	10
		10	5	10	7
		≥20	3	≥20	5

注：当有实测混凝土保护层温度数据时，表中气温用实测温度代替。所指的混凝土保护层温度是用埋设在钢筋表面的温度传感器实测的混凝土温度。

5.2.10 对断面最小尺寸为0.3m以上的构件，混凝土的施工应实行温度控制：

（1）热天浇筑应尽量降低新浇混凝土与接触的模板、基底和相邻已硬化混凝土构件之间的温差，必要时需有挡风、遮阳的措施，应避免模板和新浇混凝土受阳光直射，混凝土入模前的模板与钢筋温度以及附近的局部气温均不应超过40℃。预制构件蒸汽养护的温度宜低于60℃（其中引气混凝土蒸养温度宜低于50℃）。

（2）热天浇筑混凝土的入模温度应低于大气日平均温度，并不宜高于28℃，同时在混凝土初凝前采取降温措施；若不能控制混凝土绝热温升低于45℃，则浇筑温度需进一步降低。冬季浇筑时的混凝土入模温度应高于气温，并不低于10℃，并在浇筑开始时即采取保温措施；混凝土的冬季施工应提高原材料温度，注意保温蓄热。

（3）重要工程浇筑时应定时测定混凝土温度以及气温、相对湿度、风速等环境参数，并根据环境参数变化及时调整养护方式。在整个潮湿养护过程中，应根据混凝土温度与气温的差别及变化，及时采取和调整保温或降温措施。

(4)不同尺寸构件混凝土内部最高温度的控制:热天应控制混凝土内部最高温度不高于70℃;蒸汽养护温度应不超过60℃。

(5)混凝土内部的最高温度和表层温度之间的温差一般不宜超过20℃。养护水(蓄水或淋水)温度与混凝土表面的温差不应大于15℃。

(6)在混凝土的降温阶段需采用保温措施,降温速率宜控制不大于2℃/d。

5.2.11 用于施工后浇带或填充预留孔洞的混凝土可加入适量膨胀剂,使用前应检验其与水泥和其他外加剂之间的相容性;应采取措施降低混凝土绝热温升使混凝土内部的温度不超过60℃,以免影响膨胀剂的效能。

5.2.12 预应力混凝土孔道灌浆材料的流动度应事先经过测定,以满足施工要求,其水胶比应低于本体混凝土的水胶比,且不宜大于0.40,终凝时间不大于24h。在施工环境温度下,灌浆材料6h内保持可灌性,3h泌水率不超过2%,最终不超过3%,并要求泌出的水在密封状态下24h内被浆体重新吸收,或采用膨胀剂保证灌浆的密实性。灌浆材料中可掺入适量减水剂、缓凝剂或引气剂等外加剂,但不得含有铝粉、氯化物、硝酸盐等有害成分。

5.3 质量检验与验收

5.3.1 现场混凝土耐久性质量检验的主要内容如下:

(1)通过无损检测,测定现场混凝土保护层的实际厚度。

(2)通过标准预埋件的拔出试验或回弹仪试验,测定表层混凝土的强度并间接估计保护层混凝土的密实性质量。

对处于严重环境作用下的重要工程或构件,宜通过现场混凝土表层抗渗性测试仪,测定表层混凝土的抗渗性。

(3)对于引气混凝土,测定新拌混凝土的含气量以及硬化后混凝土的含气量、气泡间距系数与抗冻耐久性指数 DF。

(4)对于氯盐环境下的重要工程混凝土,测定混凝土的氯离子扩散系数。

5.3.2 对于重要的工程,设计中应向施工方提出耐久性质量的具体检测要求和合格验收标准,并规定未能达到要求时的补偿办法。当评定结果不合格时,应委托专门咨询机构就其耐久性质量进行评价,并就补救措施提出处理意见。

5.3.3 混凝土保护层厚度的检验方法与合格标准如下:

钢筋保护层厚度检测仪的检测偏差不应大于1mm。检验的结构部位和构件数量,可根据工程的具体情况选定。对同类的成批构件,一般可各抽取构件数量的10%且不少于10个构件进行检验。对选定的每一构件,可对各12根最外侧的钢筋(一般为箍筋或分布筋)保护层厚度进行检测。对每根钢筋,应在有代表性的部位测量3点,并对每一构件的测试数据进行评定。在对同一构件测得的钢筋保护层厚度全部数据中,如有95%或以上大于或等于 $c_{\min}$,则认为合格;否则可增加同样数量的测点,按两次检测的全部数据进行统计,如仍不能有95%及以上的测点厚度大于或等于 $c_{\min}$,则认为不合格。

5.3.4 利用回弹仪、标准预埋件的拔出试验或混凝土表层抗渗性测试仪等方法来检验保护层混凝土的密实性时,应事先通过试验室内的标定试验,在与现场相同(原材料和配比)的混凝土试件上取得仪器读数与混凝土某种抗渗性指标之间的标定曲线。现场测试时的测点部位与测点数量,可按照工程和测量方法的具体特点确定。

5.3.5 采用引气混凝土时,应在浇筑现场测定混凝土拌和料的含气量,取样的频率通常与混凝土坍落度的测定频率相同。重要工程应同时在现场取样制作混凝土试件,测定硬化后混凝土的抗冻耐久性指数 DF、含气量与气泡间距系数。有疑问时应在现场构件中取芯进行复核。

5.3.6 氯盐环境下的重要工程,应在现场制作混凝土试件,测定混凝土的氯离子扩散系数及其随龄期的变化。

6 附加防腐蚀措施

6.1 混凝土表面涂层

6.1.1 防腐蚀涂料品质与涂层性能应满足下列要求:

(1)具有良好的耐碱性、附着性和耐蚀性。底层涂料尚应具有良好的渗透能力;表层涂料尚应具有抗老化性。

(2)涂层的性能应满足表6.1.1的要求。涂层与混凝土表面的粘结力不得小于1.5MPa。

表6.1.1 涂层性能要求

项 目	使用年限及环境	试验条件	标 准	涂层构造名称
涂层外观	8~10年	抗老化试验1 000h后	不粉化、不起泡、不龟裂、不剥落	底层+中间层+面层的复合涂层
	8~10年,湿热	抗老化试验1 500h后		
	15~20年	抗老化试验3 000h后		
	15~20年,湿热	抗老化试验4 000h后		
		耐碱性试验30d后	不起泡、不龟裂、不剥落	
		标准养护后	均匀、无流挂、无斑点、不起泡、不龟裂、不剥落等	
抗氯离子侵入性		活动涂层片抗氯离子侵入试验30d后	氯离子穿过涂层片的透过量在$5.0 \times 10^3 mg/(cm^2 \cdot d)$以下	底层+中间层+面层的复合涂层

注:1.涂层的抗老化试验采用涂装过的尺寸为70mm×70mm×20mm的砂浆试件,按国家标准《漆膜老化测定法》(GB 1865)测定。

2.按附录C试验涂层的耐碱性、抗氯离子侵入性、涂层与混凝土表面的粘结力等。

6.1.2 涂层系统应符合下列规定:

(1)涂层系统应由底层、中间层、面层或底层和面层的配套涂料涂膜组成。选用的配套涂料之间应具有相容性。

(2)根据环境状况设计配套的涂料选用及涂层平均厚度等要求可按现行的相关国家标准。

6.1.3 涂装工艺、质量控制、检查、验收及维护应符合附录B的要求。

6.2 混凝土表面憎水处理

6.2.1 混凝土表面硅烷浸渍

宜采用辛基或异丁基硅烷作为硅烷浸渍材料,也可采用符合《海港工程混凝土结构防腐蚀技术规范》的其他硅烷浸渍材料;对侧面或仰面,宜采用硅烷膏体作为浸渍材料。

6.2.2 浸渍硅烷前应进行面积为 1~5m² 的喷涂试验,在试验区随机钻取六个芯样,并各取两个芯样分别进行吸水率、硅烷浸渍深度和氯化物吸收量降低效果的测试。当测试结果符合第 6.2.3 条规定的合格判定标准时,方可在结构上浸渍硅烷。

6.2.3 浸渍硅烷的质量验收应以每 500m² 浸渍面积为一个浸渍质量验收单元。浸渍硅烷工作完成后,按附录 C 规定的方法测试。当任一验收单元浸渍质量的四项测试(接触除冰盐部分尚应进行下列第 5 项)结果中任意一项不满足下列的要求时,该验收单元应重新浸渍硅烷后测试:

(1)不同时间制备的两批混凝土试件,浸渍硅烷后的吸水率平均值与未浸渍硅烷的相比,应小于 7.5%。

(2)不同时间制备的两批混凝土试件,浸渍硅烷后暴露于碱液的吸水率平均值,与未浸渍硅烷的相比,应小于 10%。

(3)在试验区随机钻取的混凝土芯样上,硅烷的有效浸渍深度为:不大于 C45 的混凝土,应达到 3~4mm;大于 C45 的混凝土应达到 2~3mm;水灰比 0.70 的混凝土应达到 10mm。

(4)浸渍硅烷后的干燥速度系数与未浸渍硅烷的相比,其比值应大于 30%。

(5)憎水浸渍试件表面在盐水冻融试验中发生质量损失时的冻融循环次数应比未浸渍处理的试件至少多 20 次。

6.2.4 混凝土掺用憎水外加剂

在盐类侵蚀环境中的混凝土结构,可在混凝土配料时掺加适当憎水外加剂以制备具有表面憎水性能的混凝土。

6.3 水泥基渗透结晶型防水剂

水泥基渗透结晶型防水剂适用于混凝土结构的表层防水处理,特别是渗水裂缝宽度不大于 1mm 的混凝土。其施工的方法与质量要求可参照现行建筑工程防水涂料的施工规范。从水泥终凝后 3~4h 起,即应对施工面开始湿养护,24h 后可转为直接水养护。在养护期间,应避免雨淋、霜冻、日晒,及 4℃ 以下低温。

6.4 环氧涂层钢筋

6.4.1 采用环氧涂层钢筋的混凝土,应为耐久性混凝土,可同时掺加钢筋阻锈剂。环氧涂层钢筋与阴极保护联合使用时,必须先将未经喷涂的钢筋加工、组装成片(或成笼),再以流化床热溶粘工艺涂装环氧层,方可与阴极保护联合使用。先静电喷涂热溶粘环氧涂层,然后再加工、组装成笼的钢筋,不得与阴极保护联合使用。

6.4.2 涂层钢筋的锚固长度应为无涂层钢筋锚固长度的1.25倍。绑扎搭接长度对受拉钢筋应为无涂层钢筋的1.5倍;对受压钢筋应为无涂层钢筋的1.0倍,且不应小于250mm。

6.4.3 采用环氧涂层钢筋的混凝土构件,其承载力、裂缝宽度和刚度的计算可采用普通钢筋混凝土构件的计算方法,但应将裂缝宽度的计算值增大20%,刚度的计算值降低10%。

6.4.4 环氧涂层钢筋的质量及其检验、验收规则和使用应符合现行行业标准《环氧树脂涂层钢筋》(JG 3042)的有关规定。

6.4.5 架立环氧涂层钢筋时,不得同时采用无涂层钢筋;绑扎环氧涂层钢筋时,应采用尼龙、环氧树脂、塑料或其他材料包裹的铁丝;架立环氧涂层钢筋的钢筋垫座、垫块应以尼龙、环氧树脂、塑料或其他柔软材料包裹。同一构件中,环氧涂层钢筋与无涂层钢筋不得有电连接。

6.4.6 环氧涂层钢筋在施工操作时应严密注意避免损伤涂层。在浇筑混凝土时宜采用附着式振动器振捣,如使用插入式振动器,需用塑料或橡胶将振动器包覆。

6.5 钢筋阻锈剂

6.5.1 对于D级以上的环境,在保证混凝土结构优质设计与施工的基础上可掺加钢筋阻锈剂。钢筋阻锈剂的掺量和使用方法按相应产品的推荐使用,并经试配和适应性试验。

6.5.2 可按《水运工程混凝土试验规程》进行阻锈剂质量验证试验。

6.5.3 阻锈剂可与高性能混凝土、环氧涂层钢筋、混凝土表面涂层、硅烷浸渍等联合使用。

6.5.4 采用阻锈剂溶液时，混凝土拌和物的搅拌时间应延长 1min；采用阻锈剂粉剂时，应延长 3min。

6.6 混凝土防腐面层

6.6.1 用于严重腐蚀性环境（E、F 级，特别是酸性腐蚀）中的防腐面层应采用聚酯类玻璃钢等聚合物复合材料，在中等腐蚀性环境（C、D 级）下则可采用聚合物水泥砂浆等材料。

6.6.2 防腐面层的厚度、原材料配合比及施工方案，应根据混凝土结构构件的耐久性要求及环境的腐蚀性作用类别和等级，委托专业的研究、咨询机构经试验论证确定。

6.6.3 聚合物水泥砂浆面层的施工，可参照现有水泥砂浆抹面的有关规定。聚合物复合材料面层的施工，需在混凝土构件的表面达到足够干燥时才能进行，并参照标准《工业设备、管道防腐蚀工程施工及验收规范》（HGJ 229—91）。

6.7 透水模板衬里

6.7.1 在 D 级以上环境作用下的混凝土结构宜采用透水模板衬里，特别是施工环境恶劣（高风速、缺水环境等）的混凝土施工。

6.7.2 放置透水模板衬里时，应沿混凝土模板的纵向与横向同时张拉，以免皱褶，同时宜适当延长养护时间（在拆除模板时继续保持该衬里于混凝土表面）。

6.8 电化学保护

6.8.1 对于新建工程中有可能遭受严重的氯盐锈蚀的部位，预期其他措施不能长期有效地阻止钢筋锈蚀的情况下，可选择阴极保护方法。

6.8.2 对于氯盐污染并引起钢筋锈蚀破坏的老结构，宜经过必要的经济技术论证，在钢筋锈蚀破坏的初期及时实施阴极保护，或实施"电化学脱盐"。

6.8.3 以环氧涂层钢筋拼装的构件，不得采用阴极保护；否则，应先设置阴极保护装置，后做钢筋涂层，并确保整个钢筋架构具有良好的电连续性以及阴阳极之间不得有任何短路。含有碱活性集料和无金属护套预应力筋慎用阴极保护与电化学脱盐。

6.8.4 阴极保护、阴极防护或电化学脱盐的设计、施工、运行、检测、管理应由专业人员依据相关规定进行和确认。

附录 A 混凝土氯离子扩散系数快速测定的 RCM 方法

根据德国 Aachen 工业大学建筑材料研究所(IBAC,RWTH Aachen)按照唐路平提出的快速氯离子迁移法(RCM)作局部修改后的试验方法——ibac test,测定混凝土中氯离子非稳态快速迁移的扩散系数。

A.1 试验目的

定量评价混凝土抵抗氯离子扩散的能力,为氯离子侵蚀环境中的混凝土结构耐久性设计与施工以及使用寿命的评估与预测提供基本参数。

A.2 适用范围

本试验方法适用于集料最大粒径不大于 25mm(一般不宜大于 20mm)的试验室制作的或者从实体结构取芯获得的混凝土试件,试验数据可以用于氯离子侵蚀环境耐久混凝土的配合比设计和混凝土质量检验的评定依据,也可按 DuraCrete 提出的方法用于结构使用寿命的评估。

A.3 试验设备和化学试剂

(1)RCM 测定仪(图 A.3)。
(2)含 5% NaCl 的 0.2 mol/L KOH 溶液;0.2 mol/L KOH 溶液。
(3)显色指示剂;0.1 mol/L $AgNO_3$ 溶液。
(4)水砂纸(200 号~600 号);细锉刀;游标卡尺(精度 0.1mm)。
(5)超声浴池;电吹风(2000W);万用表;温度计(精度 0.2℃)。
(6)扭矩扳手(20~100N·m,测量误差 ±5%)。

A.4 试验步骤

(1)试件准备
试件标准尺寸为:直径 ϕ100mm ± 1mm,高度 h = 50mm ± 2mm。
试件在试验室制作时,一般可使用 ϕ100mm × 300mm 或 150mm × 150mm × 150mm 试模,制作后立即用塑料薄膜覆盖并移至标准养护室,24h 后拆模并浸没于标准养护室的水

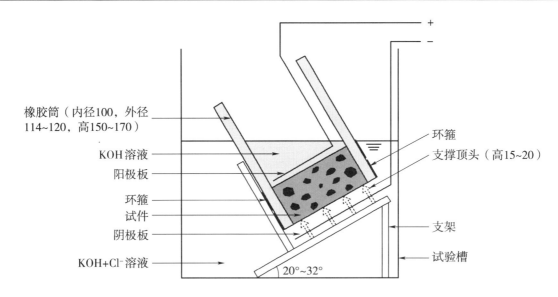

图 A.3 RCM 测定仪示意图(尺寸单位:mm)

池中。试验前 7d 加工成标准尺寸的试件❶,并用水砂纸(200 号 ~ 600 号)、细锉刀打磨光滑,然后继续浸没于水中养护至试验龄期。

试件在实体混凝土结构中钻取时,应先切割成标准试件尺寸❶,再在标准养护室水池中浸泡 4d,然后才可以进行试验。

(2)试验准备

试验室温度控制在 20℃ ± 2℃。试件安装前需进行 120s ± 20s 超声浴处理,超声浴槽事先需用室温饮用水冲洗干净。

试件的直径和高度应该在试件安装前用游标卡尺测量(精度 0.1mm),并填入显色深度计算表(表 A.4-1)和试验原始记录表(表 A.4-2)。安装前的试件表面应该干净,无油污、灰砂和水珠。

表 A.4-1 显色深度(mm)计算表

试件编号	直径(mm)	高度(mm)	显色深度(mm)												
			1	2	3	4	5	6	7	8	9	10	11	12	平均值
1															
2															
3															
4															
5															
6															
7															
8															
9															

❶ 试件加工时是否切除混凝土表层视实际结构情况和施工方法决定,并在试验报告中予以说明。

附录 A 混凝土氯离子扩散系数快速测定的 RCM 方法

表 A.4-2 RCM 试验原始记录表

编号	试件制作时间	龄期	试验日期	试验时间	超声浴时间	无载电压	电压	电流	初始KOH溶液	初始KOH+Cl⁻溶液		试验持续时间		试件高度 h	显色深度 x_d	最终KOH溶液温度
—	—	d	—	—	min	V		mA	°C	mL	°C	mL	h	min	m	°C

RCM 测定仪的试验槽在试验前需用室温饮用水冲洗干净,然后把试件装入橡胶筒内,置于筒的底部(图 A.3)。与试件齐高(50mm)的橡胶筒体外侧处,安装两个环箍(每个箍高 25mm)并拧紧环箍(图 A.4-1)上的螺丝至扭矩 30N·m ± 5N·m,使试件的侧面处于密封状态。若试件的柱状曲面具有可能会造成液体渗漏的缺陷,则要用密封剂保持其密封性。

图 A.4-1 不锈钢环箍

— 25 —

(3)电迁移试验过程

在无负荷状态下,将40V/5A的直流电源调到30V±0.2V,然后关闭电源。把装有试件的橡胶筒安装到试验槽中,安装好阳极板,然后在橡胶筒中注入约300mL的0.2mol/L的KOH溶液,使阳极板和试件表面均浸没于溶液中。

在试验槽中注入含5% NaCl的0.2 mol/L的KOH溶液,直至与橡胶筒中的KOH溶液的液面齐平。按图A.4-2连接电源、分配器和试验槽,阳极连至橡胶筒中阳极板,阴极连至试验槽的电解液中阴极板。

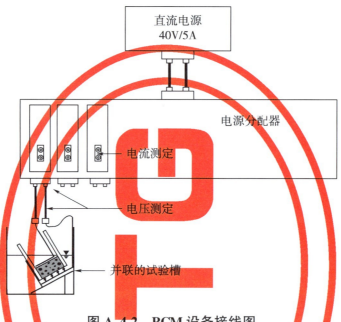

图A.4-2 RCM设备接线图

打开电源,记录时间,立即同步测定并联电压、串联电流和电解液初始温度。测量电压时,万用表调到200V挡,若电压偏离30V±1V,则断开连接,重调电源无荷电压;测量电流时,万用表调到200mA挡。溶液的温度测定应精确到0.2℃。

试验时间按测得的初始电流确定(表A.4-3)。试验数据填入试验原始记录表(表A.4-2)。

表A.4-3 初始电流与试验时间的关系

初始电流 I_0(mA)	应选定的通电试验时间(h)	初始电流 I_0(mA)	应选定的通电试验时间(h)
$I_0 < 5$	168	$30 \leqslant I_0 < 60$	24
$5 \leqslant I_0 < 10$	96	$60 \leqslant I_0 < 120$	8
$10 \leqslant I_0 < 30$	48	$120 \leqslant I_0$	4

试验结束时,先关闭电源,测定阳极电解液最终温度,断开连线,取出装有试件的橡胶筒,倒除KOH溶液,松开环箍螺丝,然后从上向下移出试件。

(4)氯离子扩散深度测定

试件从橡胶筒移出后,立即在压力试验机上劈成两半。在劈开的试件表面立即喷涂显色指示剂,混凝土表面一般变黄(实际颜色与混凝土颜色相关),其中含氯离子部分明显较亮;表面稍干后(约10 min)喷0.1 mol/L AgNO$_3$溶液;然后将试件置于采光良好的试验室中,含氯离子部分不久(约 1d)即变成紫罗兰色(颜色可随混凝土原材料和指示剂的不同而变化),不含氯离子部分一般显灰色。若直接在劈开的试件表面喷涂 0.1 mol/L AgNO₃ 溶液,则可在约 15min 后观察到白色硝酸银沉淀。

测量显色分界线离底面的距离,把如图 A.4-3 所示位置❶ 的测定值(精确到 1mm)填入表 A.4-1,计算所得的平均值即为显色深度。

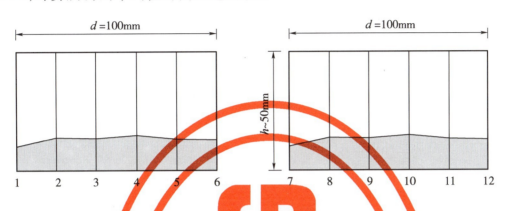

图 A.4-3 显色分界线位置编号

试验后排除试验溶液,结垢或沉淀物用黄铜刷清除,试验槽和橡胶筒仔细用饮用水和洗涤剂冲洗 60s 以上,最后用室温饮用水洗净并用电吹风(用冷风挡)吹干。

A.5 试验结果计算

混凝土氯离子扩散系数按下式计算(中间运算精确到四位有效数字,最后结果保留三位有效数字):

$$D_{RCM,0} = 2.872 \times 10^{-6} \frac{Th(x_d - \alpha\sqrt{x_d})}{t}$$ (A.5)

$$\alpha = 3.338 \times 10^{-3} \sqrt{Th}$$

式中:$D_{RCM,0}$——RCM 法测定的混凝土氯离子扩散系数(m^2/s);

T——阳极电解液初始和最终温度的平均值(K);

h——试件高度(m);

x_d——氯离子扩散深度(m);

t——通电试验时间(s);

α——辅助变量。

混凝土氯离子扩散系数为 3 个试样的算术平均值。如任一个测值与中值的差值超过中值的 15%,则取中值为测定值;如有两个测值与中值的差值都超过中值的 15%,则该组试验结果无效。

---

❶ 试验表明,测点位置没有必要考虑边缘效应和集料阻挡的情况,但对非常明显的集料阻挡情况,应在试验报告中注明。

A.6 说明

氯离子扩散系数快速测定的试验原理最早由唐路平等人在瑞典提出，北欧以此原理为基础发展了 CTH 法（NT Build 492—1999.11），同时德国亚琛工业大学土木工程研究所（IBAC，RWTH Aachen）也在 DuraCrete Document BE95-1347/R8—1999.03 研究报告和 DAfStb Heft 510—2000 中提出了 RCM 方法。RCM 方法是德国氯离子电迁移快速试验方法发展中的一种版本，而且已先后被瑞士 SIA 262/1—2003 标准和德国 BAW 标准草案（2004.05）采纳。CTH 法和 RCM 法试验原理相同，但在某些技术细节上有差别，如前者的试件在试验前要用饱和石灰水作真空饱水预处理，而后者则用超声浴；前者的试件置于试验槽内的倾角为 32°，而后者为 22°；且试验时采用的阴、阳极电解溶液也有所不同。这些差异对试验结果的影响尚待进一步研究。国外已有对比试验结果，认为两种方法无明显差别，特别当倾角在 20°～32°时，该因素的影响可以忽略。国内的对比试验也验证了这个结论。

附录 B 混凝土表面涂层的施工和管理

B.1 涂层施工

B.1.1 涂装前应进行混凝土表面处理。用水泥砂浆或与涂层涂料相容的填充料修补蜂窝、露石等明显的缺陷,用钢铲刀清除表面碎屑及不牢的附着物;用汽油等适当溶剂抹除油污;最后用饮用水冲洗,使处理后的混凝土表面无露石、蜂窝、碎屑、油污、灰尘及不牢附着物等。

B.1.2 涂装工艺应符合下列规定。

B.1.2.1 为了保持材料的均匀一致性,不得在施工过程中随意变更原选定的涂料品种及其生产厂牌号;当特殊情况需要变更时,应与设计部门共同重新设计及选定相应来源可靠的涂料品种,且不得降低设计基准期要求。

B.1.2.2 对各种进场涂料应取样检验及保存样品,并应按现行国家标准《涂料比重测定法》(GB 1756)和《涂料固体含量测定法》(GB 1725)的有关规定测定涂料的相对密度、固体含量和湿膜与干膜厚度的关系。

B.1.2.3 涂装方法应根据涂料的物理性能、施工条件、涂装要求和被涂结构的情况进行选择。宜采用高压无气喷涂,当条件不允许时,可采用刷涂或滚涂。

B.1.2.4 涂装前在现场进行 $10m^2$ 面积试验区的试验,按第 B.1.1 条的要求处理表面,按涂层系统设计的配套涂料的要求进行涂装试验。涂装试验应测定各层涂料耗用量(L/m^2)和湿膜的厚度,涂层经 7d 自然养护后用显微镜式测厚仪测定其平均干膜厚度和随机找三个点用拉脱式涂层粘结力测试仪测定其涂层的粘结强度。各种测定值应归档。涂装试验的涂层粘结强度不能达到 1.5MPa 时,需另找 $20m^2$ 试验区重做涂装试验。如果仍不合格,应重新做涂层配套设计和试验。

B.1.2.5 涂装应在无雨的天气进行。涂装过程中应做好施工记录。

B.2 质量控制与检查

B.2.1 施工过程中,应对每一道工序进行认真检查。

B.2.2 应按设计要求的涂装道数和涂膜厚度进行施工,随时用湿膜厚度规检查湿膜厚度,以控制涂层的最终厚度及其均匀性。

B.2.3 涂装施工过程中应随时注意涂层湿膜的表面状况，当发现漏涂、流挂等情况时，应及时进行处理。每道涂装施工前应对上道涂层进行检查。

B.2.4 涂装后应进行涂层外观目视检查。涂层表面应均匀，无气泡、裂缝等缺陷。

B.2.5 涂装完成7d后，应进行涂层干膜厚度测定。每50m²面积随机检测一个点，测点总数应不少于30个。干膜平均厚度应不小于设计干膜厚度，最小厚度应不小于设计厚度的75%。当不符合上述要求时，应根据情况进行局部或全面补涂，直至达到要求的厚度为止。

B.3 涂层验收

竣工验收应在涂装完成后14d内进行。验收时应提交下列资料：
(1)各种涂料出厂合格证或质量检验文件。
(2)原设计文件或设计变更文件。
(3)涂装施工记录。

B.4 涂层管理及维修

B.4.1 涂层在使用过程中应定期进行检查，如有损坏应及时修补。修补用的涂料应与原涂料相同或相容。

B.4.2 当涂层达到设计基准期时，应首先全面检查涂层的表观状态；当涂层表面无裂纹、无气泡、无严重粉化时，再检查涂层与混凝土的粘结力；当粘结力仍不小于1MPa时，则涂层可保留继续使用，但应在其表面喷涂两道原面层涂料。喷涂前，涂层应以饮用水冲洗干净。

B.4.3 当检查发现涂层有裂纹、气泡、严重粉化或粘结力低于1MPa时，可认为涂层的防护能力已经失效。再作涂层保护时，应将失效涂层用汽油喷灯火焰灼烧后铲除，再用饮用水冲洗干净后方可涂装；涂料可使用原配套涂料，或重新设计配套涂料。

B.4.4 对防腐蚀涂层系统应建立档案卡，内容包括涂装竣工资料和涂层使用过程的检查及维修记录等。

附录 C 混凝土表面涂层试验方法

C.1 耐碱性试验

C.1.1 试验仪器
(1)试模,尺寸为 100mm × 100mm × 100mm。
(2)涂层湿膜厚度规,量程为 0 ~ 500μm。
(3)显微镜式测厚仪。

C.1.2 试验步骤
(1)试验用混凝土块应采用不低于 C25 的混凝土,水泥宜采用 32.5MPa 普通硅酸盐水泥,用 100mm × 100mm × 100mm 试模成型 6 个混凝土块,并标准养护 28d。
(2)涂层试件的制作:每个混凝土块的任一个非成型面,用饮用水和钢丝刷刷洗。如有气孔,用普通硅酸盐水泥砂浆填补。处理完毕后,置于室内,用纸覆盖,自然干燥 7d,即可涂装。将试验的配套涂料,依照其使用说明书要求,按底层、中间层、面层的顺序分别涂装,同时控制涂层的干膜总厚度为 250 ~ 300μm。涂装过程中用湿膜厚度规检测各层的湿膜厚度,并用称重法核实各层涂料的涂布率(kg/m^2 或 L/m^2)。试件制成后,置于室内自然养护 7d。
(3)耐碱性试验取 3 个试件,涂料涂层面朝上,浸于水或饱和氢氧化钙溶液中 30d。试验过程中,每隔 1 ~ 2d 检查涂层外观是否起泡、开裂或剥离等。
(4)将余下的 3 个涂层试件,用显微镜式测厚仪检测涂层干膜总厚度,并计算至少 30 个测点的平均厚度。

C.1.3 试验结果报告内容
(1)涂料生产厂的名称。
(2)各种涂料的名称、牌号、生产批号。
(3)每一种涂料的涂布率(kg/m^2 或 L/m^2)。
(4)干膜厚度的最大值、最小值和平均值。
(5)耐碱试验后涂层的外观状态描述。

C.2 抗氯离子侵入性试验

C.2.1 试验仪器

试验采用内径为40~50mm的有机玻璃试验槽、湿膜厚度规和磁性测厚仪。

C.2.2 试验步骤

(1)试验用的活动涂层片系采用150mm×150mm的涂料细度纸作增强材料,将其平铺于玻璃板上,将试验的配套涂料,依照使用说明书的要求,先涂底层涂料一道,再涂中间层涂料两道、面层涂料一道。每一道涂膜施涂后,应立即将细度纸掀离玻璃板并悬挂在绳子上,经24h再涂下一道。如此反复施涂,用湿膜厚度规控制涂料形成的涂层干膜总厚度为250~300μm。按此方法共制作三张活动涂层片。制成后,悬挂在室内自然养护28d,再用磁性测厚仪测量涂层片的厚度供试验。

(2)将制得的活动涂层片剪成直径为60mm的圆片试件,按图C.2.2所示方法进行抗氯离子侵入性试验。使试件涂漆的一面朝向3%食盐水;细度纸的另一面朝向蒸馏水。共用三组装置,置于室内常温条件下进行试验,经30d试验终结后,测定蒸馏水中的氯离子含量。

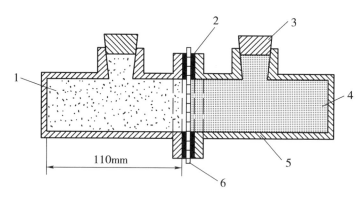

图C.2.2 涂层抗氯离子侵入性试验装置示意图

1-3%食盐水;2-硅橡胶填料;3-硅橡胶塞;4-蒸馏水;5-内径为40~50mm的试验槽;6-试件(活动涂层片)

C.2.3 试验结果报告内容

(1)涂料生产厂的名称。
(2)各种涂料的名称、牌号、生产批号。
(3)氯离子穿过涂层片的渗透量[mg/(cm^2·d)]。

C.3 粘结力试验

C.3.1 试验原理及适用范围

涂层粘结力试验系采用直接拉脱试验方法测定涂层与被涂物体之间的粘结力。此法既适用于室内试验,也适用于现场试验。

C.3.2 试验仪器

试验应采用拉脱式涂层粘结力测试仪、湿膜厚度规和显微镜式测厚仪。

C.3.3 室内试验步骤

(1)制作 500mm×500mm×50mm 的 C30 混凝土试件 10 件,标准条件下养护 28d。

(2)按附录 B.1.1 条要求,对每试件的 500mm×500mm 的非浇筑面进行表面处理。

(3)需要进行湿固化涂料粘结力试验的 5 个表湿试件,表面处理后浸泡在清水中,其他 5 个表干试件则放置在室内阴干。

(4)对处理后的 500mm×500mm 非浇筑面的涂装,按设计的涂层系统和涂料产品使用说明书的要求,依次按底层、中间层和面层涂装。涂装过程中用称重法核实各层涂料的涂布率,并用湿膜厚度规测量各层湿膜厚度。对表干试件,先将涂装面的灰尘吹干净;而表湿试件,从水中捞起后,用湿布抹除涂装面的水滴,然后进行涂装。涂装方法,可以是刷涂、滚涂或喷涂。表湿试件,每涂一道涂层后,经 4h,浸没在 3%食盐水中。

(5)涂装完成以后,表湿试件经 4h 后,浸没在 3%食盐水中,12h 后捞起,再过 12h 又浸没,如此反复进行养护 7d;而表干试件放置在室内自然养护 7d。

(6)取经 7d 养护的表干或表湿试件各 3 件,在每一试件的涂层面上随机找 3 个点,每点面积约 30mm×30mm,用零号细砂纸将每一点的涂层面轻轻打磨粗糙,并用丙酮或酒精等溶剂除油;同时,也对粘结力测试仪的铝合金铆钉头型圆盘座作同样打磨、除油处理。最后用粘结剂把铝圆盘座粘到处理好的涂层上。

(7)待粘结剂硬化 24h 后,用拉脱式涂层粘结力测试仪的配件套筒式割刀,将圆盘座的周边涂层切除,使其与周边外围的涂层分离开。

(8)将粘结力测试仪配件的钢环支座片套住圆盘座,然后把粘结力测试仪的手轮作反时针旋转,使仪器的爪具松下并嵌入铝合金铆钉头型圆盘座,令仪器的 3 个支撑柱立在钢环支座片上,将仪器的指针拨到"0"的刻度位置;最后,顺时针方向旋紧手轮,一直持续到涂层断裂为止,并立即记录指针的读数。按本步骤重复试验,将每一铝合金铆钉头型圆盘座拔下来,并记录每一次拉拔的读数。

(9)用显微镜式测厚仪测定余下 4 个试件的涂层干膜厚度。每个试件至少测量 30 个点,以计算干膜厚度平均值。

(10)对现场喷涂的涂层面粘结力的测试,应在涂层涂装完毕经 7d 后进行。按每 50m² 面积随机找 3 个测点进行检测,具体试验方法应参照 C.3.3 条的有关规定。

C.4 试验结果的评定方法及报告

C.4.1 试验后立即观察铝合金铆钉头型圆盘座的底面粘结物的情况,如果底面有 75% 以上的面积粘附着涂层或混凝土等物体,则试验数据有效。

C.4.2 如果底面只有 75% 以下的面积粘有涂层或混凝土等物体,而且拉力小于 1.5MPa,则可在该测点的附近涂层面上重做粘结力试验。

C.4.3 表干或表湿试件各取 9 个试验点的实测数据分别计算其算术平均值代表涂层

的粘结力。

C.4.4 试验结果报告内容：
(1)涂层涂料生产厂的名称。
(2)各种涂料的名称、牌号、生产批号。
(3)每一种涂料的涂布率(kg/m^2 或 L/m^2)。
(4)干膜厚度的最大值、最小值和平均值。
(5)涂料涂层的粘结力。

附录 D 混凝土表面憎水处理的检测方法

D.1 干燥系数比值的测定

按欧洲标准《混凝土结构保护与修补用的产品和体系——试验方法——测试用基准混凝土》(EN 1766)以水灰比 0.45 的混凝土，制作 100mm×100mm×100mm 9 块立方体试件（试模应无油、无脱模剂），标准养护 28d。其中 3 块以 105℃±5℃烘 7d，另 6 块在 20℃±2℃、RH60%±10%环境下六面风干 7d，到含水率相当于 5.0%±0.5%，取出其中 3 块，按欧洲标准草案《孔壁憎水浸渍的风干试验》(prEN 13579)在带风扇的通风柜中，各面憎水浸渍 120s±5s 后，在停止鼓风的通风柜中放 48h±1h，然后与其余 3 块未处理但已风干的试件分别保持于 30℃±2℃、RH40%±5%的环境下（下部盛饱和 K_2SO_4 溶液的气密箱中）放置 24h±1h，以测定憎水处理后干燥系数与未处理试件相比的比值。

D.2 憎水浸渍有效深度的测定

将按上述方法制备、养护、风干、憎水浸渍处理的试件（混凝土的水灰比为 0.70），劈开后，在劈开面上喷水，测量劈开面上的干燥区域尺寸。

D.3 吸水率比和抗碱性的测定

将按上述方法制备、养护、风干、憎水浸渍处理的试件（混凝土的水灰比为 0.45）憎水浸渍 14d 后，与未处理的试件一起，分别放入存有足够去离子水和有足够 K_2SO_4 溶液（5.6g/L）的烧杯中，浸入深度 25mm±5mm（指试件顶面至液面的深度，烧杯的开口应用胶粘带密封），放置 21d±0.1d，然后在六面通风下风干至恒重（±2g），分别求出 3 块憎水浸渍试件与 3 块未处理试件相比的吸水率比值和吸碱溶液率的比值（抗碱性）。

本规范用词说明

执行条文严格程度的用词。

(1)表示很严格,非这样不可的用词:

正面词用"必须";

反面词用"严禁"。

(2)表示严格,在正常情况下应这样做的用词:

正面词用"应";

反面词用"不应"或"不得"。

(3)表示允许稍有选择,在条件许可时首先应这样做的用词:

正面词用"宜";

反面词用"不宜"。

(4)表示允许有选择,在一定条件下可以这样做的用词:

采用"可"。

附件

《公路工程混凝土结构防腐蚀技术规范》

(JTG/T B07-01—2006)
条 文 说 明

1 总 则

1.0.1 现行的混凝土结构设计施工规范主要考虑荷载作用下结构承载力安全性与适用性的需要,较少顾及环境作用引起结构材料性能劣化和腐蚀对结构适用性与安全性的影响。由于耐久性不足,增加了结构使用过程中的修理与加固费用,影响或限制了结构的正常使用功能并缩短结构的正常使用年限,不仅造成巨大经济损失,而且严重浪费资源。为使公路混凝土结构的设计真正做到经济合理并有利于可持续发展的基本国策,特制定本规范。

混凝土结构的耐久性在很大程度上取决于结构施工过程中的质量控制与质量保证以及结构使用过程中的正确维护与例行检测。本规范同时也为工程的业主和工程交付使用后的运营管理部门提供防腐蚀耐久性要求的相关信息。

1.0.3~1.0.4 材料的耐久性是在各种作用下长期维持其原设计性能的能力。荷载长期作用下的耐久性如持久强度、疲劳强度等通常在结构的承载力(强度)设计中已予考虑,本规范所指的耐久性则为环境腐蚀作用下的耐久性。环境对混凝土结构的腐蚀作用主要体现为钢筋的锈蚀和混凝土的腐蚀或损伤。

钢筋锈蚀的生成物体积膨胀,导致混凝土顺筋开裂和混凝土保护层剥落,锈蚀会损害钢筋与混凝土之间的粘着力,削弱钢筋的截面面积并使钢筋变脆,从而影响结构的适用性(裂缝、表面锈迹等)甚至安全性。在正常情况下,混凝土呈高碱性,此时在钢筋表面会形成钝化保护膜,能隔绝水分和氧气与钢筋金属接触,阻止钢筋锈蚀。主要有两种情况会导致钝化膜失效:①混凝土的中性化,主要是碳化,即空气中的 CO_2 从混凝土表面扩散到混凝土内部,与呈碱性的水泥水化产物 $Ca(OH)_2$ 发生作用,形成中性的 $CaCO_3$,削弱混凝土的碱度,使钝化膜不能继续维持而破坏,并在水分和氧的参与下发生持续锈蚀;②氯盐的侵入,即氯离子从混凝土表面扩散到钢筋位置,积累到一定浓度(临界浓度)后也能破坏钝化膜,使钢筋锈蚀。混凝土内的钢筋因碳化引起的锈蚀和因氯盐引起的锈蚀都是电化学过程,都要有水分和氧的参与。

对混凝土材料造成腐蚀或损伤的环境作用主要有反复冻融以及水、土介质中的盐、酸等化学腐蚀。混凝土内的孔隙水经反复冻融而逐渐达到临界饱和度后,冰冻产生的压力很快就会使混凝土表层崩裂并发展到剥落、集料裸露。硫酸盐与混凝土中的水化产物 $Ca(OH)_2$ 和水化铝酸钙发生化学作用生成石膏和钙矾石,这两种反应均可发生体积膨胀而使混凝土开裂剥落;此外,在干湿交替的环境条件下,侵入混凝土毛细孔隙中的硫酸盐溶液浓度会不断增加并因过饱和而结晶,对孔壁产生极大的结晶压力使混凝土破坏。酸能溶解混凝土中的 $Ca(OH)_2$ 和其他含钙水化物,破坏混凝土的内部结构和密实性。空气中的二氧化硫与水结合形成酸雨,对混凝土有很大的侵蚀作用,还会与水泥组分反应生成有害的硫酸盐。除冰盐不但能对钢筋造成严重锈蚀,而且对表层混凝土也有很大的破坏作用,使表面起皮剥落。高水灰比、密实性差的混凝土,即使在中性水的渗透下也能使$Ca(OH)_2$析出。环境作用对混凝土的侵蚀与损伤首先发生在表层混凝土,使混凝土截面或混凝土材料强度受到损失。

1.0.5 本规范提供环境作用下混凝土结构防腐蚀的设计要求与施工要求,是对已有结构设计与施工技术标准所作的一种补充或修正,因此本规范中的规定与现行规范不符之处,一般宜以本规范为准。

3 基本规定

3.0.1~3.0.2 为工程设计对象明确规定设计使用年限,不仅是业主和用户的需要,也是结构设计走向更为经济合理的必要步骤。许多国家在结构设计规范中早已明确提出设计使用年限的要求,我国新修订的建筑结构设计标准也已对不同结构物的设计工作寿命或设计使用年限作出明确规定。

公路桥梁的设计使用年限在国外多为100年,英国为120年,美国的规范未明确标明使用年限但按不低于75~100年考虑。基于可持续发展的要求以及公路工程作为生命线工程的重要性,国际上对重要桥梁的设计寿命有进一步延长的趋向。结构的使用年限,一般指的是结构在技术性能上能够满足要求的年限,即技术使用年限。但一个工程的使用年限还往往取决于其他因素。如因交通流量发展或车载增大而不能满足新的功能要求,或因继续维修所需费用过大而不如拆除重建,均可导致使用年限的终结,后者即为功能使用年限或经济使用年限。这种情况在我国当前所处的经济发展时期尤为突出,所以设计时应慎重考虑。

结构的设计使用年限是具有规定保证率的预定使用年限。为与《公路桥涵设计通用规范》(JTG D60—2004)中的术语保持一致,本规范中用"设计基准期"这一术语替代上面所说的"设计使用年限"。

3.0.3 结构构件的使用年限可通过维修延长,结构中个别部件的使用年限也不一定能够达到与结构整体的设计基准期相同,例如桥梁中的拉索寿命可能仅有20~30年,简支梁桥的球形支座寿命可能仅有40年。因此,结构的个别构件在结构设计基准期内的修理或更换应视为正常。

3.0.4 将环境作用按其严重程度划分类别和等级是混凝土结构设计标准中的一般做法。本规范将环境作用分成7类,对每一环境类别的腐蚀作用程度,再区分不同环境条件,分别纳入A~F六个不同的作用等级。这种分类、分级的方法在一些方面参考了欧洲设计规范。相同的环境作用等级之间由于环境类别不同,在防腐蚀的技术要求上也就并不完全等同;这种差异主要表现在对混凝土组成材料的选择和配比上,如引气剂的使用和胶凝材料品种与用量的限制等。

在对环境的分类中,一般环境下的混凝土结构劣化主要是混凝土碳化后在水分和氧气的作用下造成钢筋的锈蚀,即碳化锈蚀。碳化对混凝土本身一般不会造成伤害,但钢筋锈蚀后反过来能造成混凝土开裂并剥落。对现代混凝土来说,防止一般环境下的碳化锈蚀应该不成问题。已有混凝土结构中存在的严重碳化锈蚀,主要在于设计中采用了过薄的保护层厚度和水胶比过大的混凝土以及施工质量低下所致,这种情况必须纠正。如果混凝土始终处于水饱和状态,空气中的 CO_2 难以扩散到混凝土体内,混凝土碳化就不会发生或只会非常缓慢地进行,钢筋也不至于脱钝锈蚀,即使开始锈蚀了,空气中的氧气也难以扩散到钢筋表面使电化学腐蚀过程得以延续;如果混凝土很干燥,CO_2 和氧气很容易扩散到混凝土内部,但因为缺少水分,碳化与锈蚀过程都很难进行。所以最易造成钢筋碳化锈蚀的环境是干湿交替(我国东南沿海地区尤为严重)。在这种环境下,我国现行混凝土结构设计规范所作的规定,一般都难以满足混凝土结构使用年限(50 年或大于 50 年)内的适用性与安全性要求,应该予以修正。

一般冻融环境下混凝土结构的劣化主要表现为混凝土的损伤和开裂,对钢筋来说则因混凝土的劣化而得不到应有的保护,可能提前发生锈蚀。混凝土的冻害主要与混凝土的饱水程度和水的供给、冻融的循环次数、最低温度及降温速率等多种因素有关。表 3.0.4-2 中对冻融环境的分级,除了强调饱水程度以外,还按当地最冷月平均气温划分为严寒地区、寒冷地区和微冻地区,这种方法在一定程度上反映了低温和冻融次数的影响。目前,我国各地的气象统计仅有最冷月平均气温而尚缺冻融循环次数的数据。

现场混凝土的饱水度与混凝土受冻前接触外部水体的频繁程度有关。经常受雨淋的混凝土水平表面不易干燥,饱水度高;偶受雨淋的竖向表面不易积水,饱水度低,一般不会发生冻害。当混凝土表面接触水体时,冻融循环可使混凝土内部的饱水程度不断增加。本规范按混凝土受雨淋(或接触水体)的频繁程度及构件表面为水平(如混凝土板)或竖直(如混凝土柱),定性地分为中度饱水和高度饱水。

表 3.0.4-2 中的除冰盐冻融环境与近海或海洋环境,对混凝土结构的腐蚀主要表现为除冰盐和海水中的氯盐对钢筋的严重锈蚀。海水对混凝土也有一定的侵蚀作用,而除冰盐则会加重混凝土的冻融破坏。除冰盐的浓度实际上可因不同地区的喷洒频度而有很大的差别;海水中的氯盐含量也因不同地区而异,靠近江河出口的海湾处,海水的含盐量也有可能较低。表 3.0.4-2 中对海水与除冰盐环境的作用分级是按一般情况考虑的。

盐会加重冻融环境对混凝土的危害程度,尽管盐溶液的冰点下降,却可能由于盐的浓度差产生的渗透压而增加吸水的速率和吸水率,加速混凝土水饱和。但是,除冰盐对混凝土表面的损害和一般冻融循环的作用并不完全相同,前者的作用更为复杂。一方面,反复冻融使除冰盐渗入混凝土中的盐在水蒸发后的浓度不断增加,达过饱和而析出结晶,产生结晶压力;另一方面,除冰盐与冰雪混合后,混凝土表面温度降低,温度骤然下降与内部混凝土之间引起的温差会产生较大应力。虽然除冰盐使溶液冰点下降,但当环境温度进一步降低到该溶液冰点以下时,也会冻结。

表 3.0.4-2 中的盐结晶环境、大气污染环境和土中及地表、地下水中的化学腐蚀环境(海水除外),除了能对混凝土造成化学和物理腐蚀外,往往同时引起钢筋锈蚀。这些环境中有害化学物质对所接触的混凝土结构的腐蚀作用,在很大程度上取决于混凝土的干湿程度,其中干湿交替最为有害;如在土中,则与土体的渗透性或地下水的流动性有极大的关系。

针对土中盐类对混凝土的腐蚀,中国建筑科学研究院依据全国土壤腐蚀网站的混凝土埋设试验,对我国典型的中碱性土、酸性土、内陆盐土、滨海盐土进行了研究。中碱性土,以西安、济南、南充、沈阳、成都等地为代表;酸性土,以深圳、广州、鹰潭为代表;内陆盐土,以敦煌、张掖、新疆、阜康、伊宁、泽普、哈密为代表;滨海盐土,以天津大港为代表。研究结果认为:中碱性土对混凝土的腐蚀性属于弱腐蚀;酸性土对混凝土的腐蚀性属于中等腐蚀,须考虑地下混凝土结构的防腐技术措施;滨海盐土和内陆盐土对混凝土的腐蚀性则属于强腐蚀,主要为各种盐类析晶及钙矾石生长的膨胀性破坏。西部盐湖地区土体对混凝土的腐蚀尤为严重。长沙理工大学赴西北地区调研的结果表明:盐类析晶的破坏,主要与地下盐水活动所引起的混凝土干湿循环有关。在盐碱土地区的混凝土结构设计中,应掌握当地最高地下水位及其渗透高度等基本数据,并对处于该部位的混凝土结构重点设防。滨海盐土对混凝土的腐蚀破坏程度与结构物和地面之间的相对高差密切相关。

多种环境因素的交互作用,可能加剧,也可能减弱其腐蚀作用。如海水环境中同时有氯盐和硫酸盐,氯盐的存在能抑制硫酸盐的危害。

3.0.5 当结构构件同时处于两类或两类以上的不同环境时,应同时满足这些环境类别分别作用下的耐久性要求。

频受潮湿的构件以及频受雨淋的构件需按干湿交替的环境条件设计。

冰冻地区受冻前可能接触雨水或其他水体的结构构件必须按冻融环境设计。

使用过程中可能接触海水或含有氯盐化合物的结构构件,应按海洋或氯化物环境设计。

桥梁构件的设计应考虑由于桥面层、防水层和桥面伸缩缝等各种连接部位的渗漏所造成的局部环境作用。对于桥面板的顶面以及可能遭受来自伸缩缝处渗漏水作用的下部梁、柱(墩)表面,应按干湿交替的环境条件设计,在冻融地区尚需按冻融环境设计。对于除冰盐环境,上述部位需考虑含除冰盐的渗漏水的作用。桥面板的底面,如有防止雨水或伸缩缝处渗漏水从侧边淌入的可能,则底部钢筋可按非干湿交替的露天环境条件设计。

冬季使用除冰盐和将来可能使用除冰盐来融化道路积雪的冰冻地区,其道路两旁的构件、桥梁构件以及附近的车库构件必须考虑除冰盐的侵蚀作用。

沿海地区和盐土地区应考虑当地大气、地下水和土中可能存在的盐类腐蚀性化学物质的作用。这些地区的构件设计不应随意套用一般的标准图。

4 设计要求

4.1 在严重环境作用下,混凝土的强度往往取决于耐久性而非承载力。这时应首先根据耐久性要求按表4.2.1选定混凝土的设计强度,而后再进行结构承载力的设计。

重要工程中受环境严重作用的结构部位,应考虑是否需要采取附加防腐蚀措施,但首先必须要满足表4.2.1中对混凝土最低强度等级和最大水胶比的要求,并应尽可能提高混凝土本身的耐久性质量。

4.2.1 提出最低强度等级与最大水灰比的限制,是混凝土设计施工标准中控制混凝土耐久性的常用做法。影响混凝土结构耐久性的首要因素是混凝土的密实性,而不是强度,所以为了保证混凝土的密实性,首先要规定最大水胶比的限制。本规范用"水胶比"取代以往用"水灰比"来间接表达混凝土的密实性质量,同时用胶凝材料(水泥加矿物掺和料)用量取代以往的水泥用量。混凝土材料中掺用矿物掺和料以占胶凝材料总量的百分比表示(以质量计),但对不同的环境类别,则对胶凝材料的范围(品种与用量)作了不同的要求和限制。掺用矿物掺和料可明显提高混凝土的抗腐蚀能力,但是大多数活性掺和料的密度都比水泥的密度低,当水胶比不变而等量取代水泥后,混凝土中胶凝材料浆体的体积增大,拌和料会因此而胀方,而且由于大多数矿物掺和料参与水化反应的时间晚(例如粉煤灰在28d以前基本上不参与化学反应),在不变的水胶比下,水灰比(水与水泥的比值)增大,硬化体的早期孔隙率会增大,所以掺有矿物掺和料的混凝土水胶比应低于不掺时的水灰比。掺粉煤灰混凝土微结构的发展对水胶比非常敏感。水胶比越低,粉煤灰发挥作用的龄期越可提前。因此必须随矿物掺和料掺量的增大而降低水胶比,以保证粉煤灰作用的效率和28d的密实度。故耐久性设计应以最低强度等级和最大水胶比对混凝土的密实性进行双控。

4.2.2 在一般环境下,大气中的混凝土碳化从混凝土停止施工养护后就有可能开始,不像冻融或氯盐环境那样,在多数情况下要在施工阶段结束交付使用以后才接触所考虑的环境因素作用。在混凝土中掺入粉煤灰会降低混凝土的碱度,但当水胶比不是很低时,能加速混凝土的碳化,故应对一般环境下处于大气中的混凝土限制胶凝材料中粉煤灰的最大用量。

4.2.3 掺入引气剂在混凝土中形成微细均匀的圆形气泡,能缓解混凝土中的冰晶压力,是提高混凝土抗冻性的有效措施。粉煤灰中含有未燃尽的碳,能影响混凝土的含气量;较大掺量的粉煤灰能增加拌和物的粘聚性,也影响气泡的形成。故在D级以上的冻融环境中,要限制粉煤灰掺量,同时限制粉煤灰的烧失量。

4.2.4~4.2.5 混凝土含气量是引气混凝土的重要参数,但与混凝土抗冻性质量关系最大的参数则是气泡间距系数。因为气泡间距系数的测定费时,而新拌混凝土含气量可快速测定,所以常用含气量作为抗冻性的控制指标。除粗集料粒径以外,对混凝土"有效含气量"影响大的因素还有引气剂质量及混凝土水胶比和浆骨比等,混凝土拌和物的坍落度大小也会影响含气量。

目前国产的引气剂多数不耐振,在试验室做出来的含气量很大,一振就变得很小。因此对所有混凝土拌和料,不论坍落度大小,在试验室测含气量时,都要放在测含气量的筒里,先在振动台上振20s,以便接近现场的实际情况。

由于盐冻的机理不同于一般冻融,宜用盐液浸泡混凝土表面的盐致剥落试验方法。但是根据同济大学黄士元教授的试验,目前通用的快速冻融试验方法如能用盐液代替水,得到的结果与盐致剥落试验的结果有一定的相关性。故在表4.2.4中列入"盐冻"下的DF指标,用以评价混凝土抗盐冻的性能。

4.2.6 掺加粉煤灰等矿物掺和料对提高混凝土抗氯盐侵蚀能力特别有利。因此在海洋环境和除冰盐环境下,不宜单独采用硅酸盐水泥作为胶凝材料。本规范提出的氯盐环境下对混凝土保护层厚度等的最低防护要求,都是以大掺量或较大掺量矿物掺和料混凝土作为前提的,如果是硅酸盐水泥混凝土,就不能保证所需的耐久性。硅酸盐水泥水化产物中的$Ca(OH)_2$不论在强度上还是在化学稳定性上都很差,在软水、酸或硫酸盐腐蚀下易被溶解,是混凝土耐久性的薄弱环节。传统观点认为:$Ca(OH)_2$呈碱性,对防止钢筋锈蚀有利,在混凝土中掺入粉煤灰、硅灰等火山灰材料后,与$Ca(OH)_2$发生火山灰反应,消耗$Ca(OH)_2$,同时降低混凝土的碱度,因而不利于防锈,所以对粉煤灰掺量加以严格限制。但是国内外的试验研究和实践表明,只要有合适的配合比,例如低于0.45的水胶比,掺用粉煤灰等掺和料可改善混凝土的微结构,提高混凝土抗水、抗盐和抗化学腐蚀的能力。掺矿物掺和料以后,混凝土内部微结构的形成对于水的敏感性,要大于单用硅酸盐水泥混凝土对水的敏感性,当水胶比大于0.5或不变水胶比而等量取代时,就难以发挥掺和料的作用。因此,发挥粉煤灰等掺和料的作用,尤其需要在较短龄期就发挥粉煤灰改善混凝土微结构以提高其抗腐蚀的作用时,必须以低水胶比为前提。

4.2.7 混凝土的抗渗性是抵抗外界有害物质(水、气及溶于水、气溶液中的其他介质)侵入混凝土内部的能力。抗渗性是衡量混凝土耐久性的综合指标,与混凝土内水泥硬化浆体、集料及其界面的密实性(孔隙率与孔结构特性)有关,也取决于侵入介质的种类。有害介质进入混凝土内部的传输途径可以是扩散、渗透或吸收等,所以抗渗性可相应用扩散系数、渗透系数或吸水率等参数来表示。

渗透是混凝土内部毛细孔作用吸水饱和后流体在压力差的驱动下发生在材料内部的流动,符合达西定律,例如高水头下的水向混凝土的渗透;传统的混凝土抗渗性能测定方法就是采用高压水头的渗透试验,并据此确定混凝土的渗透系数或抗渗标号。可是抗渗标号并不能判定现代混凝土的耐久性,因为有害介质可以在几乎不透水的混凝土中传输;抗渗标号也不能如实反映混凝土的防水性能,对于强度等级超过C30的混凝土而言,它们在抗渗等级上几乎没有不能满足的,所以本规范不再用抗渗标号作为指标。实际工程中的有害介质也很少通过这种渗透的机理进行传输。

当混凝土水胶比很低时,氯离子主要通过扩散的机理传输到混凝土内部,在扩散过程中还可能与混凝土材料发生化学作用或物理吸附作用而被部分结合,扩散的速率与介质的种类、浓度和环境温度有关。氯离子还能通过吸收的机理进入混凝土内部。当表面干燥或半湿的混凝土表面接触到海水时,氯离子就会被吸收,并通过内部的孔隙水继续向里扩散。海洋浪溅区的混凝土表面,通过吸收进入的氯离子浓度可因海水的蒸发而增加并不断累积,这与长期浸泡于海水下的扩散有很大区别,后者在表层混凝土孔隙水中的自由氯离子浓度大体与周围环境中的海水氯离子含量相同。

氯盐环境下的混凝土抗渗性能一般用氯离子在混凝土中的扩散系数表示。用自然浸泡的方法对扩散系数进行测定需要较长时间,而电解质溶液中的离子在外加电场的驱动下会加速迁移,所以氯离子的侵入性或渗透性现在常用外加电场下氯离子快速迁移的扩散系数测定方法。但是,根据自然浸泡法测得的氯离子在试件不同深度上的浓度分布并进而用Fick第二定律拟合得出的扩散系数,与电迁移快速测定的扩散系数在量值上并不一致,二者随龄期增长而降低的速率也不一样。

本规范建议,按照附录A的电迁移快速试验方法测量氯离子扩散系数,用于氯盐环境下混凝土施工阶段的混凝土质量控制。目前,有关不同配合比和用料的混凝土中氯离子扩散系数的数据还不够充分,而氯离子扩散系数的测定值又往往有较大的离散性,所以表4.2.7提出的控制数据只供参考,而且只适用于大掺量矿物掺和料混凝土。

大掺量矿物掺和料混凝土是配制耐久性混凝土的重要途径。鉴于该种混凝土早期水化硬化速率较慢的特点,建议同时对较长龄期(如84d)的标养试件测定其扩散系数与28d龄期的扩散系数进行对比。由于工程现场的环境条件与标养条件往往有较大的差异,还可在施工现场预浇构件钻芯取样作测试,对标养的试件数据及其龄期影响进行比较。实际工程构件的耐久性与其接触氯盐时的龄期有关,所以取这一龄期的标养试件与现场预浇构件的钻芯取样试件进行扩散系数的对比测试,可为工程的使用寿命预测提供更有用的参考依据。

4.3.7 钢筋锈蚀一般总是从最外侧的分布筋或箍筋开始,并能引起混凝土开裂和剥落。所以在耐久性设计中,对混凝土保护层厚度的要求,首先应考虑到的是箍筋和分布筋,而内侧主筋的保护层厚度则往往取决于箍筋或分布筋的需要。值得注意的是,我国现行混凝土结构设计规范中的保护层厚度是对主筋而言的,这也是现行设计规范的要求不能满足耐久性的原因之一。现行混凝土结构设计规范在规定保护层的最小厚度时,也没有充分考虑保护层的施工偏差对耐久性可能造成的巨大影响。所以,用于结构承载力和刚度计算以及标注于施工图上的保护层厚度,应该是保护层最小厚度与一定的施工允许误差之和。在环境作用等级为 A 或 B 的一般环境下,由于钢筋不易锈蚀或锈蚀速度很慢,一般工程的保护层厚度尚可仅考虑受力主筋的需要,但如工程比较重要,或结构处于 C 及 C 级以上的环境作用下,则应保证最外侧箍筋和分布筋的保护层最小厚度也能满足表4.3.7规定的数值,而且用于结构计算和施工图上标明的保护层厚度,应该是保护层最小厚度与施工允许误差之和。

4.3.10 室内与野外试验均表明,混凝土表面的宏观裂缝宽度只要不是过大(0.4mm 以内),对钢筋碳化锈蚀不会发生明显影响,只是裂缝截面上的钢筋发生局部锈蚀的时间会提前,但是这种局部锈蚀会较快停止,一直要等到保护层下的混凝土碳化和钢筋去钝后,才会一起进入钢筋锈蚀的稳定发展期。但预应力钢筋因能发生应力腐蚀,钢筋在氯盐环境下易发生局部坑蚀,一般认为应该较为严格地限制表面宏观裂缝的宽度。

增加保护层厚度,在同样荷载作用下的构件表面裂缝宽度将增大,但就防止裂缝截面上的钢筋发生锈蚀而言仍然有很大的好处。因此,不能因为表面裂缝宽度有所增加而限制增加保护层厚度。

4.3.11 本条的适用对象主要指地下结构的侧墙等构件。

5 施工要求

5.1.1 为了便于控制胶凝材料中掺和料的品种与掺量,应选用硅酸盐水泥或普通硅酸盐水泥,但其他水泥不是不能选用,只是应了解其中掺和料的品种和掺量来确定混凝土中掺和料的品种与掺量,此时掺和料的份额应以掺和料水泥中的和在混凝土中掺入的一并计为胶凝材料总量的百分比。现行水泥标准只有水泥强度下限的规定,而没有规定上限,不仅影响水泥的匀质性,而且常因水泥实际强度超出标称强度太多而影响开裂敏感性。发达国家的水泥标准都是有强度上限的。

5.1.2 水泥比表面积太大时,早期强度高而后期增长率低,不利于混凝土的抗裂性和裂缝自愈能力。C_3A是硫酸盐腐蚀的敏感组分,应限制其含量;但在海水中,因Cl^-的存在而增加硫酸盐腐蚀产物的溶解度,从而缓解混凝土受结晶膨胀的损伤,则水泥中C_3A的含量可适当放宽。

在严重硫酸盐腐蚀环境作用(D、E、F级)下,低热微膨胀水泥与硅酸盐水泥及抗硫酸盐硅酸盐水泥相比,具备很好的抗腐蚀性,并已在我国水坝工程建设中得到长期应用。低热微膨胀水泥的主要组分是矿渣与硅酸盐水泥,与在混凝土中掺用矿物掺和料的技术路线一致,并有工厂化生产控制的质量稳定优势。按现行国家标准,低热微膨胀水泥的水化热与膨胀值均有出厂控制,对耐久混凝土的生产提供了方便。

5.1.3 水泥中的碱可增加混凝土的收缩和开裂,并且不利于外加剂与水泥的相容性,故无论集料是否有潜在碱活性,都应控制水泥中的含碱量。但是当水泥中含碱量太低时又会使混凝土拌和料易泌水,故还应有含碱量的下限。

矿物掺和料中的含碱量以其中的可溶性碱计算,按试样中碱的溶出量试验确定(当无检测条件时,可按粉煤灰中总碱量的约1/6、矿渣中总碱量的1/2计)。在一般的原材料检测报告中,含碱量是采用酸碱法检测总碱量,包含可溶于水和不溶于水(但溶于酸)的两部分碱量,而在混凝土中并无酸性环境,只有可溶于水的碱才可能发生反应,故上述可溶性碱是指混凝土原材料中能溶于水的碱量(以Na_2O当量计)。

5.1.5 当前对粉煤灰主要以$45\mu m$筛孔的筛子筛余量、需水量比和烧失量三个指标来分级,但是筛余量大的粉煤灰,并不一定有小的比表面积。这是因为筛余量反映的粉煤灰颗粒大小可能是由于其团聚的颗粒造成的,因此筛余量对其反应活性未必有明显的影响,粗颗粒粉煤灰的存在反而有利于混凝土的体积稳定性;由于使用高效减水剂,需水量比只要不大于105%,也不会有很大的影响。重要的是反映含碳量的烧失量,对混凝土的引气、流动性、强度和体积稳定性都有影响。因此除了强度要求很高外,选择粉煤灰不一定要追求都符合Ⅰ级质量。工程实践表明,只要保证Ⅰ级灰的烧失量,另两个主要指标Ⅰ级、Ⅱ级都很好。

矿渣水泥中的矿渣,由于用传统工艺与熟料共同粉磨成比表面积为 $330m^2/kg$ 的水泥,其中的矿渣比表面积最多只有约 $250m^2/kg$,这样粗的矿渣不能发挥其潜在的活性。将矿渣单独磨细后,比表面积越大,活性越高,因此要求所选用的磨细矿渣比表面积要大于 $350m^2/kg$。但是当矿渣比表面积超过 $400m^2/kg$ 掺入混凝土后,胶凝材料的水化热与混凝土的自收缩都随着掺量的增大而增大(除非掺量超过75%),因此磨细矿渣的比表面积不宜超过 $400m^2/kg$。由于商业行为的操作,目前市售磨细矿渣比表面积都超过此限,但从混凝土结构耐久性的角度考虑,用户可以提出要求。

5.1.7 集料的质量是当前影响混凝土质量的极重要因素。当前因我国绝大部分石子的生产方式落后,石子的针、片状颗粒多,级配极差。公称连续粒级的石子,实际上常常没有粒径 5~10mm 的颗粒。因此造成混凝土拌和料的需水量居高不下,浆骨比大是混凝土易开裂的主要原因。西方国家大都购进单粒级石子进行连续级配或三级级配。对石子级配的简易方法可按最大松装密度优选,这样还可避免即使采石场的级配合格而在装、卸料和运输过程中破坏级配。对于砂子,目前混凝土的生产一般只注重其细度模量,但细度模量相同的砂子级配并不相同,忽视砂子级配同样会导致增加混凝土的需水量。对砂子级配的简易方法可用公称粒径 5mm、0.63mm、0.15mm 三级控制。合格粒径与良好级配的集料可使混凝土的用水量降低约20%,有可能减小干燥收缩值约 $100×10^{-6}$。

5.1.8 引气剂、高效减水剂或各种复合外加剂中均不得掺有木质磺酸盐组分,其原因是目前国产木质磺酸盐(亚硫酸氢盐蒸煮木材排出的废液经浓缩、干燥所得)的原料部分或全部为阔叶树、芦苇和草类,以这类木质磺酸盐为组分的外加剂配制出的混凝土,虽然含气量完全可以满足要求,但抗冻融试验的结果很差。

在喷射混凝土中常应用高浓度钠盐的速凝剂,掺量又较大,有可能引起硫酸盐腐蚀,特别是在隧道工程内受流动地下水冲刷的情况下,能引起极其严重的腐蚀。我国南方多处地下水发育地区的铁路隧道都深受硫酸盐腐蚀之害,需要引起特别注意。

5.1.9 对氯离子总量的限制,在国内外各种标准中都有规定,但具体量值有差异。氯离子引起钢筋锈蚀的阈值(氯离子临界浓度)与环境湿度、温度、混凝土胶凝材料种类和数量、混凝土水胶比以及混凝土碳化程度等许多因素有关,较难提出确定的数值。各国标准中限定的混凝土中氯离子总量,一般都不考虑这么多因素,而是保守地规定一个数值。欧洲各国的标准多规定普通钢筋混凝土内的氯离子限量在非氯盐环境下为0.4%;美国 ACI318 规范规定非氯盐环境下为0.3%,氯盐环境下为0.15%,干燥条件下为1.0%,潮湿环境或氯盐环境均为0.15%,既无潮湿又无氯盐或为其他环境时为1.0%(美国 ACI318 规范和加拿大规范中均为水溶值)。设计人员可根据工程对象的不同特点,在合理范围内变动。

5.2.6 振捣引气混凝土时应注意控制振捣时间,既要保证混凝土充分密实,又要防止过度振捣而引起含气量过分损失。

5.2.7 混凝土的胶凝材料具有水硬性,保持混凝土中足够的水分,对保证混凝土质量至关重要;尤其对低水胶比的密实混凝土,养护时不仅应保持水分不流失,而且水胶比越低越应当补充水分。水养护不得间断,一旦间断,毛细孔被堵塞后,即使再补水也不会再有用。

现代混凝土由于水泥生产工艺的变化,强度有很大提高,即使构件断面最小尺寸只有30cm,甚至20cm,早期开裂也有60%以上来自温度收缩。因此在早期控制混凝土的温度和湿养护对保证混凝土的质量同等重要。对混凝土的湿养护要根据不同季节、不同气温和日照条件而变换措施,以免对混凝土的温度控制产生不利的影响。

6 附加防腐蚀措施

附加防腐蚀措施之所以作为附加技术措施提出,主要有如下考虑:

(1)附加防腐蚀措施是在混凝土结构本身的耐久性要求不低于本规范规定的基础上附加的技术措施。

(2)附加防腐蚀措施中的"附加"一词并不意味着辅助的含意。当工程所处环境十分恶劣(例如 E 级以上的多种腐蚀性介质)又无相似工程的经验可以借鉴,或者工程的设计基准期高(例如一级)且构件的尺寸与形状受限时,附加防腐蚀措施的应用则在整个结构中成了完整的防腐蚀体系构成之一,因而是不可或缺的。

(3)除了碳化腐蚀,多数腐蚀性介质对混凝土材料或钢筋的腐蚀作用均离不开水这一媒介。混凝土结构的施工与使用过程中,开裂问题一直是难以根除的顽疾。因而,除了结构的防排水构造与材料密实性的设计与施工要求以外,具有防水功能的各种附加防腐蚀措施往往成为整个结构防腐蚀体系中必不可少的屏障。尤其对于主要构件大多暴露于自然环境中的公路工程,重要构件的防排水设计与施工要求具有重要的耐久性意义。

6.1.1 近海或海水环境中平均潮位以上的水位变化区的 E、F 级,一般冻融环境中的中度饱水混凝土(B、C 级),使用除冰盐环境中的 E 级,盐类结晶侵蚀环境中的 F 级环境的混凝土均可考虑采用表面涂层。被涂装的混凝土结构,只有通过验收合格,才能发挥涂层的防腐效果。混凝土属于强碱性的建筑材料,采用的涂料应具有良好的耐碱性、附着性和耐蚀性,环氧树脂、聚氨酯、丙烯酸树脂、氯化橡胶和乙烯树脂等涂料均适用。混凝土结构的腐蚀破坏一般都在平均潮位以上的部位;在潮位以下,由于混凝土处于饱水状态,供氧条件差,钢筋的腐蚀极为缓慢,同时考虑涂装施工问题,故将涂装位置确定在平均潮位以上的部位。

在水位变动区,因受海浪的飞溅和冲刷,表面常处于潮湿状态,使用的涂料应具有湿固化、耐磨损、耐冲击和耐老化等性能。

6.1.2 混凝土表面涂层系统应由底层、中间层和面层等配套涂料涂膜组成。底层涂料(封闭漆)应具有低粘度和高渗透能力,能渗透到混凝土内起封闭孔隙和提高后续涂层附着力的作用;中间层涂料应具有较好的防腐蚀能力,能抵抗外界有害介质的入侵;面层涂料应具有抗老化性,对中间层和底层起保护作用。各层的配套涂料要有相容性,即后续涂料涂层不能伤害前一涂料所形成的涂层。

混凝土表面涂层的耐久性和防护效果,与混凝土涂装前的表面处理关系很大。良好的表面处理,能使涂层经久耐用,防护效果也显著。

涂层的质量与采用的涂料的品种和牌号关系很大。不同品种或虽为同一品种而生产厂家不同的涂料组成的涂层,其性能相差可能很大。

高压无气喷涂容易控制和保证涂层厚度和均匀性,涂料飞散较少,且具有很高的涂装效率(高达 $200\sim600m^2/h$),可确保涂装质量。

6.2.3 浸渍硅烷的质量验收可参考欧洲标准草案(prEN 13580)。

与阴极保护、环氧涂层钢筋相比,浸渍硅烷较经济,施工简便,因此近十年在欧美已广泛应用于跨海桥、喷洒除冰盐的混凝土桥,憎水效果可保持 15 年以上。硅烷浸渍已于 1986 年列入公路结构修补规范。考虑到异丁基硅烷分子量较异辛基硅烷小,渗入深度较大,对于喷洒除冰盐的公路桥面板顶面这类受到较大磨耗作用的部位,采用异丁基硅烷将具有较高的耐久性。

工程上为了加强对硅烷浸渍的质量控制,除按上述 prEN 规定对水灰比 0.70 的混凝土试件检测硅烷浸渍深度外,尚应保留原来《海港工程混凝土结构防腐蚀技术规范》(JTJ 275—2000)根据澳大利亚道路与交通管理局混凝土结构浸渍规范、英国运输部标准 BD43/90 和香港相关标准所规定的,对工程试验区芯样的硅烷有效浸渍深度的检测评定规定。

6.2.4 在盐类结晶侵蚀环境中的混凝土结构,在地表以上的毛细管吸收盐渍水的上升段,与表层一样,会产生盐类结晶侵蚀。如在混凝土配料中掺入活性成分含量为50%的硅烷乳液,当掺量占水泥重量的3%、采用42.5级普通硅酸盐水泥和0.50水灰比时,其 7d、28d 标准养护的抗压强度可达 28MPa 和 40MPa;吸水率和氯化物吸水量,与未掺硅烷外加剂的同配比混凝土相比:在混凝土试体上均可降低到10%;从掺硅烷外加剂的混凝土结构上钻取芯样实测的吸水率,在表层降为1/6,内部降为1/3。

6.3 这种化学活性物质,以水为载体,向所涂覆或掺入的混凝土内部逐渐渗透可深达 300mm(也可以干粉料撒覆并压入未完全凝固的混凝土表面),形成不溶于水的蔓枝状非溶性晶体,堵塞毛细孔道,使混凝土致密,整体防水。对于结构使用过程中新产生的宽度为 0.44~1mm 的细裂缝,会遇水产生新的晶体,对裂缝具有自我愈合密封的功能。

6.4.1~6.4.2 国内目前无缺陷环氧涂层钢筋产品的使用只有约 12 年。因其一旦失效则无法更换,故在使用时绝不能降低混凝土结构本身的耐久性要求。其与耐久混凝土或阻锈剂联合使用,可具有叠加的保护效果。

6.4.3~6.4.6 我国建设部 1997 年颁布的现行行业标准《环氧树脂涂层钢筋》,基本上体现了国外现行有关标准。环氧涂层钢筋在跨海公路工程混凝土结构上的应用,基本上应符合该现行行业标准的要求。考虑到国际现行标准的新发展,以及我国现在生产的螺纹钢筋的特点、我国跨海公路工程的特点和实践经验等,为保证和提高环氧涂层钢筋在跨海公路工程混凝土结构上更好地应用,本规范对该现行行业标准的部分条款作了少量补充和修改。

6.5.1 保护钢筋混凝土的基本措施,应按本规范第 4 章的要求严格控制混凝土具有规定的水胶比、保护层厚度和低含盐量,以确保混凝土保护层本身具有长期的抗氯离子扩散性。只有在本规范第 6.5.1 条规定的条件下,才采取掺加高效可靠的阻锈剂作为补充防腐蚀措施,以适当提高混凝土的护筋性;而保证掺阻锈剂长期维持可靠的补充防腐蚀效果,仍有赖于混凝土保护层本身具有长期的高抗氯离子扩散性。

6.6 混凝土防腐面层是一种较直观的防腐蚀防护构造,并易于检查和修复。通常,在新建工程中实施的造价比既有工程的修复低 60%～80%(主要由施工支架费用引起)。在新建工程的设计过程中应充分考虑这个技术经济特点、灵活运用。采用聚酯类玻璃钢等聚合物复合材料,施工的质量控制简便但造价较高;采用聚合物水泥砂浆材料,施工的质量控制要求较高但造价较低。

6.7 模板的透水衬里又称为渗透性模板衬里,多采用聚丙烯纤维熔粘成具有大量微孔的透水毡片面层(或用合成纤维束编织成的网片),中间夹有蓄水性颗粒经共同压制而成。支模板时,将该衬里固定在模板内面,聚集在模板-混凝土界面上的气泡和水分,能自动地从振捣液化的混凝土拌和物表面透过网片衬里逸出,或吸入毡片衬里的蓄水层,使表层混凝土含水量有控制性地降低而使混凝土致密化。毡片衬里所吸入的水还对混凝土有保水养护作用,当需要时可在拆除模板时继续保持该衬里于混凝土表面。

采用带透水衬里的模板,可明显改善混凝土保护层的施工质量,提高表层混凝土的密实度。该衬里有多种产品,效果也各异,应注意使用前的试验对比与选择。

6.8 需要考虑对钢筋混凝土结构作电化学修补时,一般在 10%～30% 的结构表面积上已发生了顺筋胀裂或层裂,表明其中钢筋已经发生腐蚀。

传统上,无论采取何种修补对策,都必须完全凿除已破损的混凝土,露出其中的钢筋,完全清除腐蚀产物,再用优质、耐久的砂浆或混凝土材料补平(钢筋严重腐蚀,断面损失过大时,还需要适当加固)。但是,混凝土结构中钢筋的腐蚀通常都是电化学腐蚀,腐蚀区是腐蚀电偶的阳极区。进行上述传统的局部修补后,即使修补质量好,能使该处的钢筋不再成为阳极区,在其周边(虽然修补时周边的混凝土尚健全,但在该处混凝土已被氯盐污染或已碳化到钢筋)的钢筋仍有可能成为腐蚀电偶的新阳极区而继续损伤该结构。经过近二十年的工程实践,已日趋成熟的电化学修补技术,是唯一能制止局部修补后周边钢筋发生新的腐蚀危险、且较为经济而现实的技术。在 E 级以上环境中的重要钢筋混凝土结构工程,当发生钢筋锈蚀现象时,应考虑采用电化学修补技术。

按传统习惯,往往重治轻防,大多数结构是按"发病才治"的观点进行管理的,往往在钢筋腐蚀已引起结构严重损伤的情况下才考虑修补。这样,采用上述电化学修补与传统修补相比,其技术经济优势就会降低。如果能按"维护比修补更好"的新概念进行管理,在盐污染或混凝土碳化尚未引起钢筋显著腐蚀的"萌发"阶段及时实施,则电化学修补无疑将大大提高修补效果,节约大量维修经费。

电化学脱盐多用于使用除冰盐的桥面或路面以代替阴极保护,可免除被保护结构在长期使用过程中持续施加并检测、监控阴极保护电流工作带来的不便。

公路工程现行标准、规范、规程、指南一览表

(2016年11月版)

序号	类别	编号	书名(书号)	定价(元)
1	基础	JTG A02—2013	公路工程行业标准制修订管理导则(10544)	15.00
2		JTG A04—2013	公路工程标准编写导则(10538)	20.00
3		JTJ 002—87	公路工程名词术语(0346)	22.00
4		JTJ 003—86	公路自然区划标准(0348)	16.00
5		JTG B01—2014	★公路工程技术标准(活页夹版,11814)	98.00
6		JTG B01—2014	★公路工程技术标准(平装版,11829)	68.00
7		JTG B02—2013	公路工程抗震规范(11120)	45.00
8		JTG/T B02-01—2008	公路桥梁抗震设计细则(13318)	45.00
9		JTG B03—2006	公路建设项目环境影响评价规范(0927)	26.00
10		JTG B04—2010	公路环境保护设计规范(08473)	28.00
11		JTG B05—2015	★公路项目安全性评价规范(12806)	45.00
12		JTG B05-01—2013	公路护栏安全性能评价标准(10992)	30.00
13		JTG B06—2007	公路工程基本建设项目概算预算编制办法(06903)	26.00
14		JTG/T B06-01—2007	★公路工程概算定额(06901)	110.00
15		JTG/T B06-02—2007	★公路工程预算定额(06902)	138.00
16		JTG/T B06-03—2007	★公路工程机械台班费用定额(06900)	24.00
17		交通部定额站2009版	公路工程施工定额(07864)	78.00
18		JTG/T B07-01—2006	公路工程混凝土结构防腐蚀技术规范(0973)	16.00
19		交通部2007年第30号	国家高速公路网相关标志更换工作实施技术指南(1124)	58.00
20		交通部2007年第35号	收费公路联网收费技术要求(1126)	62.00
21		交通运输部2015年第40号	★收费公路联网收费多义性路径识别技术要求(12484)	40.00
22		JTG B10-01—2014	公路电子不停车收费联网运营和服务规范(11566)	30.00
23		交通运输部2011年	公路工程项目建设用地指标(09402)	36.00
24	勘测	JTG C10—2007	★公路勘测规范(06570)	28.00
25		JTG/T C10—2007	★公路勘测细则(06572)	42.00
26		JTG C20—2011	公路工程地质勘察规范(09507)	65.00
27		JTG/T C21-01—2005	公路工程地质遥感勘察规范(0839)	17.00
28		JTG/T C21-02—2014	公路工程卫星图像测绘技术规程(11540)	25.00
29		JTG/T C22—2009	公路工程物探规程(1311)	28.00
30		JTG C30—2015	★公路工程水文勘测设计规范(12063)	70.00
31	设计	公路	JTG D20—2006	★公路路线设计规范(0996)	38.00
32			JTG/T D21—2014	公路立体交叉设计细则(11761)	60.00
33			JTG D30—2015	★公路路基设计规范(12147)	98.00
34			JTG/T D31—2008	沙漠地区公路设计与施工指南(1206)	32.00
35			JTG/T D31-02—2013	★公路软土地基路堤设计与施工技术细则(10449)	40.00
36			JTG/T D31-03—2011	★采空区公路设计与施工技术细则(09181)	40.00
37			JTG/T D31-04—2012	多年冻土地区公路设计与施工技术细则(10260)	40.00
38			JTG/T D32—2012	★公路土工合成材料应用技术规范(09908)	42.00
39			JTG D40—2011	★公路水泥混凝土路面设计规范(09463)	40.00
40			JTG D50—2006	★公路沥青路面设计规范(06248)	36.00
41			JTG/T D33—2012	公路排水设计规范(10337)	40.00
42		桥隧	JTG D60—2015	★公路桥涵设计通用规范(12506)	40.00
43			JTG/T D60-01—2004	公路桥梁抗风设计规范(0814)	28.00
44			JTG D61—2005	公路圬工桥涵设计规范(13355)	30.00
45			JTG D62—2004	公路钢筋混凝土及预应力混凝土桥涵设计规范(05052)	48.00
46			JTG D63—2007	公路桥涵地基与基础设计规范(06892)	48.00
47			JTG D64—2015	★公路钢结构桥梁设计规范(12507)	80.00
48			JTG D64-01—2015	公路钢混组合桥梁设计与施工规范(12682)	45.00
49			JTG/T D65-01—2007	公路斜拉桥设计细则(1125)	28.00
50			JTG/T D65-04—2007	公路涵洞设计细则(06628)	26.00
51			JTG/T D65-05—2015	公路悬索桥设计规范(12674)	55.00
52			JTG/T D65-06—2015	公路钢管混凝土拱桥设计规范(12514)	40.00
53			JTG D70—2004	公路隧道设计规范(05180)	50.00
54			JTG/T D70—2010	★公路隧道设计细则(08478)	66.00
55			JTG D70/2—2014	公路隧道设计规范 第二册 交通工程与附属设施(11543)	50.00
56			JTG/T D70/2-01—2014	公路隧道照明设计细则(11541)	35.00
57			JTG/T D70/2-02—2014	公路隧道通风设计细则(11546)	70.00

续上表

序号	类别	编号	书名(书号)	定价(元)
58	设计 交通工程	JTG D80—2006	高速公路交通工程及沿线设施设计通用规范(0998)	25.00
59		JTG D81—2006	★公路交通安全设施设计规范(0977)	25.00
60		JTG/T D81—2006	★公路交通安全设施设计细则(0997)	35.00
61		JTG D82—2009	公路交通标志和标线设置规范(07947)	116.00
62	综合	交公路发[2007]358号	公路工程基本建设项目设计文件编制办法(06746)	26.00
63		交公路发[2007]358号	公路工程基本建设项目设计文件图表示例(06770)	600.00
64		交公路发[2015]69号	公路工程特殊结构桥梁项目设计文件编制办法(12455)	30.00
65	检测	JTG E20—2011	公路工程沥青及沥青混合料试验规程(09468)	106.00
66		JTG E30—2005	公路工程水泥及水泥混凝土试验规程(13319)	55.00
67		JTG E40—2007	★公路土工试验规程(06794)	79.00
68		JTG E41—2005	公路工程岩石试验规程(0828)	18.00
69		JTG E42—2005	公路工程集料试验规程(13353)	50.00
70		JTG E50—2006	★公路工程土工合成材料试验规程(0982)	28.00
71		JTG E51—2009	公路工程无机结合料稳定材料试验规程(08046)	48.00
72		JTG E60—2008	公路路基路面现场测试规程(07296)	38.00
73		JTG/T E61—2014	公路路面技术状况自动化检测规程(11830)	25.00
74	施工 公路	JTG F10—2006	公路路基施工技术规范(06221)	40.00
75		JTG/T F20—2015	★公路路面基层施工技术细则(12367)	45.00
76		JTG/T F30—2014	公路水泥混凝土路面施工技术细则(11244)	60.00
77		JTG/T F31—2014	公路水泥混凝土路面再生利用技术细则(11360)	30.00
78		JTG F40—2004	★公路沥青路面施工技术规范(05328)	38.00
79		JTG F41—2008	公路沥青路面再生技术规范(07105)	25.00
80	桥隧	JTG/T F50—2011	★公路桥涵施工技术规范(09224)	110.00
81		JTG/T F81-01—2004	公路工程基桩动测技术规程(0783)	20.00
82		JTG F60—2009	公路隧道施工技术规范(07992)	42.00
83		JTG/T F60—2009	公路隧道施工技术细则(07991)	58.00
84	交通	JTG F71—2006	★公路交通安全设施施工技术规范(0976)	20.00
85		JTG/T F72—2011	公路隧道交通工程与附属设施施工技术规范(09509)	35.00
86	质检 安全	JTG F80/1—2004	公路工程质量检验评定标准 第一册 土建工程(05327)	46.00
87		JTG F80/2—2004	公路工程质量检验评定标准 第二册 机电工程(05325)	26.00
88		JTG G10—2016	公路工程施工监理规范(13275)	40.00
89		JTG F90—2015	★公路工程施工安全技术规范(12138)	68.00
90	养护 管理	JTG H10—2009	公路养护技术规范(08071)	49.00
91		JTJ 073.1—2001	公路水泥混凝土路面养护技术规范(0520)	12.00
92		JTJ 073.2—2001	公路沥青路面养护技术规范(0551)	13.00
93		JTG H11—2004	公路桥涵养护规范(05025)	30.00
94		JTG H12—2015	公路隧道养护技术规范(12062)	60.00
95		JTG H20—2007	公路技术状况评定标准(13399)	25.00
96		JTG/T H21—2011	★公路桥梁技术状况评定标准(09324)	46.00
97		JTG H30—2015	公路养护安全作业规程(12234)	90.00
98		JTG H40—2002	公路养护工程预算编制导则(0641)	9.00
99	加固设计 与施工	JTG/T J21—2011	公路桥梁承载能力检测评定规程(09480)	20.00
100		JTG/T J21-01—2015	公路桥梁荷载试验规程(12751)	40.00
101		JTG/T J22—2008	公路桥梁加固设计规范(07380)	52.00
102		JTG/T J23—2008	公路桥梁加固施工技术规范(07378)	30.00
103	改扩建	JTG/T L11—2014	高速公路改扩建设计细则(11998)	45.00
104		JTG/T L80—2014	高速公路改扩建交通工程及沿线设施设计细则(11999)	30.00
105	造价	JTG M20—2011	公路工程基本建设项目投资估算编制办法(09557)	30.00
106		JTG/T M21—2011	公路工程估算指标(09531)	110.00
1	技术 指南	交公便字[2006]02号	公路工程水泥混凝土外加剂与掺合料应用技术指南(0925)	50.00
2		厅公路字[2006]418号	公路安全保障工程实施技术指南(1034)	40.00
3		交公便字[2009]145号	公路交通标志和标线设置手册(07990)	165.00

注：JTG——公路工程行业标准体系；JTG/T——公路工程行业推荐性标准体系；JTJ——仍在执行的公路工程原行业标准体系。

批发业务电话:010-59757973;零售业务电话:010-85285659(北京);网上书店电话:010-59757908;业务咨询电话:010-85285922。带"★"的表示有勘误，详见中国交通运输标准服务平台 www.yuetong.cn/bzfw。